本当の民主主義を取り戻せ！

認知科学者／カーネギーメロン大学博士
苫米地英人
Hideto Tomabechi

みんなが豊かに暮らせる社会を実現する

「重み付け直接民主主義」とは？

CYZO

はじめに

「民主主義」と聞いて、皆さんはどのようなことを思い浮かべるでしょうか。「国民主権」「自由」「平等」「権利」「選挙」「話し合い」「多数決」……人によってさまざまなキーワードが思い浮かぶことでしょう。

この「民主主義」、あるいは「民主制（民主政）」は、いつ誕生したのでしょうか。「古代ギリシャや古代ローマの時代から、直接民主制があった」と答える人もいれば、「近代民主主義はフランス革命やアメリカ独立宣言で具現した」と答える人もいるでしょう。「民主主義とは何か？」と問うたとき、その答えは人によって、あるいは解釈によってさまざまです。

もちろん、それぞれ共通点を持ってはいるのですが、定義という意味では、なかなか一つには固まらないのも事実です。

詳しくは本文中で述べていきますが、本書で取り上げる「民主主義」あるいは「民主制

（民主政）」は、大括りに言って「ある政治的共同体に属する市民たちに主権があるような政治システムのこと」として扱います。

そして、本書の目的は、日本に本当の民主主義を取り戻し、誰もが暮らしやすい国にすることです。

その方法を皆さんに提案するのが本書の役割というわけです。

日本は、形の上では民主主義国ということになっています。

民主主義国の主権者はその国の国民（市民）、日本なら「日本国民」です。

ですが、いまの日本を考えたとき、本当に日本国民に主権があるでしょうか。

「選挙権があるのだから、主権があると言っていい」と思う人が多いでしょう。

しかし、その皆さんの1票によってできあがった政治システムは、日本国民という主権者の意思を反映したものになっているでしょうか。

拙著『世襲議員という巨大な差別』（サイゾー刊）でも書きましたが、日本の選挙において、世襲議員（世襲候補者）は非世襲候補者の数千倍も有利です。

この一点を見ても、日本に正しい民主主義が根付いているとは、到底、言えません。

世襲議員の多さだけを見れば、むしろ日本は「世襲貴族による非民主主義国だ」と言われても仕方がありません。

もっとも、民主主義が根付いていないのは、日本に限ったことではありません。民主主義の本場と言われるアメリカでさえ、大きな問題を抱えています。

例えば、アメリカにはいまだに「差別」の問題が横たわっています。最近の話で言えば、新型コロナウイルス感染症の拡大によるアジア人差別の問題、あるいは黒人差別をなくそうという「ブラック・ライブズ・マター」運動が展開されるなど、現在進行形で人種差別が行われているのがアメリカなのです。

さらに歴史を振り返れば、アメリカ大統領選挙の「選挙人制度」の仕組みがあります。本文でも述べますが、この「選挙人制度」が導入された理由の一つは、明らかに黒人差別です。

「仕方がないので、黒人にも参政権を認めるが、直接、大統領を選ぶことは許さない」という考え方から生まれた制度が「選挙人制度」なのです。

もともとは「選挙人制度」で選挙人を選ぶ際の投票においても、白人の１票と黒人の１

票には重さの違いがありました。

のちに1票の重さの比率は変わりますが、当初は「黒人（奴隷）の1票は白人の5分の3」とされました。

明らかな人種差別です。

このような「非民主的」なシステムを採用していたアメリカ、そして現在でもその差別が残り続けるアメリカが、正しい民主主義を実践している国であるはずがありません。

日本もアメリカも、民主主義的な制度を作り上げてはいますが、制度ができても、慣習によって元に戻ってしまうというケースはよくあります。

「サーカンベント（circumvent）」などと呼ばれますが、人種差別の改善も民主主義も、制度を作ったからといって、それが正しく運用されて、正しく根付いていくとは限らないのです。

本書は、まず最初に「民主主義とは何か」について、近代民主主義を思想的に支えた哲学者たちの考え方を確認し、その上で日本が本来の民主主義を取り戻すための方法について考察、提案していくことにします。

日本をよりよい国にし、皆さんの生活もよりよく変えていける提案となっていますので、本書での私の提案を、ぜひ多くの人に伝えていただきたいと思っています。

苫米地英人

【目次】

第二章　真の国民主権を実現する「重み付け直接民主主義」

第三章　スイスの事例に学ぶ「直接民主主義」

装丁・本文デザイン　篠　隆二（シノ・デザイン・オフィス）
編集協力　木村俊太

第一章

社会契約説と近代民主主義

近代民主主義と市民

「はじめに」でも述べたように、「民主主義」と言ったとき、人によってさまざまな解釈があり得ます。

例えば、古代ギリシャや古代ローマでは「直接民主制（直接民主政）」が行われていたとされています。

しかし、古代ギリシャや古代ローマの「直接民主政」は、私たちがいま考える「近代民主主義」とはかなり異なる性質を有しています。

その違いを一言で言うと「古代の直接民主政時代には、主権は市民にはなかった」ということです。

市民にはたしかに参政権はありました。

しかし、政策や法案についての議論や評決に参加できるということであって、為政者を投票で選ぶ権利はありませんでした（時代によっては、追放する権利はありましたが）。

これでは「市民に主権がある」とは言えません。

そうしたことも踏まえ、本書では「民主主義」については、主に「近代民主主義」から考えていきたいと思います。

近代民主主義を考える上での最大のキーワードは「社会契約説」です。まずはこの「社会契約説」についての基本を確認しておきたいと思います。難しいのではないかと思うかもしれませんが、本書の考え方を理解してもらうのに必要だと思われるところだけを抽出して説明しますので、安心して読み進めてもらえればと思います。

まず、押さえておきたいのは、近代民主主義の大きな特徴である、「主権は市民にある」という点です。

「主権」がまずわかりにくいかもしれませんが、ここでは「国家などの共同体において、自分たちのことを自分たちで決めることができる権利」くらいに捉えておけばいいでしょう。

「市民」というのは、もちろん「仙台市民」とか「福岡市民」といった意味ではなく、英語の「citizen」に当たる概念です。

日本の場合は島国でもあり、「市民」≒「国民」と捉えてもほぼ間違いではありませんが、例えば「EU citizen」という概念は、国としては「ドイツ」などEU加盟の国々に所属していながらも「EUの市民」と捉えています。

あるいは、「アフリカ・ダイアスポラ（ディアスポラ）」の「市民」は、国連に加盟しているようなアフリカの国家に所属しながらも「アフリカ・ダイアスポラ」の「市民」でもあります（「ダイアスポラ」については、ここでは詳しく述べません。知りたい方は拙著『地球にやさしい「本当のエコ」』（サイゾー刊）等を参照してください）。

このように、状況によっては国民と市民とは、概念として明確に異なりますので、注意しましょう。

ホッブズの社会契約説

社会契約説を考える上で、非常に重要な思想家（哲学者）が3人います。

ホッブズ、ロック、ルソーです。

他にもモンテスキューなど、近代民主主義に多大な影響を与えた思想家はたくさんいるのですが、こと社会契約説に特化して考えると、この3人の功績が突出して大きいと思います。

逆に言うと、この3人の考え方を理解すれば社会契約説の概要がわかるので、難しい話にはできるだけ深入りせず、骨子の部分だけ確認していきたいと思います。

まずは、ホッブズの考え方から見ていきましょう。

トマス・ホッブズ（1588－1679）は、『リヴァイアサン』という著作で、国家と権利について述べています。

ホッブズはまず、人間の「自然状態」について考えました。

「自然状態」というのは、国家によって統治される前の人々の状態のことです。

ホッブズもロックもルソーも、統治者としては「国家」（あるいは、国家を統治する国王や皇帝）を想定しています。

この時代、人々を統治するのは国家でした。

その統治者である国家のない時代、人々はどのような状態だったのでしょうか。

ホッブズは「万人の万人に対する闘争（戦争）」状態だったと考えました。

つまり、人々は自分の生存のために、他者との戦いを続ける存在だったと考えたわけです。

国家のない世界では、警察も軍隊もありませんから、自分の身は自分で守るしかありません。

人々は自らの欲求のままに行動し、ルールのない、弱肉強食の世界だったとホッブズは言うのです。

もちろん「原始社会でも人間は協力し合って生きていたんじゃないか」という反論も可能です。

ただ、実際に武器で殺傷された跡のある人骨が発掘されていますし、食料が足りなければ奪い合いが起こったであろうことは容易に想像できます。

日本でも、稲作などの農耕が始まると、共同体どうしでの財や土地、あるいは水利権などの奪い合いが起きていたことがわかっています。

ホッブズは、そうした集団どうしの闘争（戦争）と同様に、個人と個人との闘争（戦争）も起こっていたはずだと考えたのです。

そして、ホッブズはその「万人の万人に対する闘争（戦争）」を止めるにはどうすればいいのだろうかと考えました。

彼はこんなふうに考えました。

人間は、もともと自己保存のための権利（自然権）を持っていて、自分の命を守るためなら何でもするし、それを咎める存在もいません。

つまり、この「自然権」があるから、「万人の万人に対する闘争（戦争）」は止まないのだと考えたのです。

人には「自然権」があるので、放っておくとみんな自分の権利ばかりを主張し、各人の権利がぶつかり合い、その結果、戦いが起こってしまうと考えたわけです。

人は自分の自己保存（生存）のために、戦いを止めません。

だとすれば、その自己保存の権利（自然権）を一斉に放棄して、特定の誰か、あるいは何らかの組織に譲り渡し、その特定の誰か、あるいは組織に自然権を委ねた統治社会を作ればいい。

「自然権」を相互に譲渡することが、平和への唯一の道だとホッブズは考えました。

この「自然権」の相互譲渡こそ、ホッブズの考えた「社会契約」です。

ただし、このホッブズの考えた「社会契約」には、かなり大きな問題がありました。

それは、もし自然権を譲渡された相手に反抗する者が出てきてしまうと、結局、元の木阿弥となり、戦いが始まってしまうため、それを防ぐには「一度できあがった統治機構には人々は常に従わなければならない」と考えたことでした。

「戦いを止める唯一の方法が『自然権の相互譲渡』なのだから、一度、自然権を譲渡したら、その譲渡した相手に逆らってはいけない」ということです。

これはのちに、絶対主義を擁護する論理として利用されてしまうことになります。

ホッブズの考え方では、人々は常に支配者の従順なしもべになるしかなくなります。

これに異を唱えたのがロックでした。

ロックの社会契約説

ジョン・ロック（１６３２－１７０４）は、『統治二論』で社会契約について述べ、アメリカ独立宣言やフランス人権宣言に大きな影響を与えました。

その著書の中でロックは、ホッブズが認めなかった「抵抗権」を認めました。

ホッブズは、「『万人の万人に対する闘争（戦争）』を止めるために一旦『自然権』を為政者に委譲したからには、その為政者に逆らうことは許されない（また、元に戻ってしまうから）」と考えたのに対し、ロックは、「為政者が人民（市民）に対していわれのない暴力などの非道な行為に及んだり、人民の『人権（生命、健康、自由、財産などの所有権）』が為政者によって著しく侵害されたりした場合には、それが法で解決できないとき、人民は為政者に（暴力的に）抵抗する権利がある」と考えたのです。

ホッブズとロックの最も大きな違いは、社会契約によって人々は「自然権」のすべてを為政者に委譲したのか、一部分だけを委譲したのかという点です。

ホッブズは「『自然権』そのものを為政者に委譲したのだから、すべてを委ねるべきだ」としたのに対して、ロックは「委譲したのは『自然権』の一部にすぎないのだから、問題があれば、当然、為政者に対して抵抗できる」と考えたわけです。

ロックがこう考えたのは、「自然権は生まれたときから神によって与えられた権利である」という思想から出てきています。

「神からもともと与えられた権利が最強である。それをないがしろにするような為政者は、

（神も許さないはずだから）倒されて当然である」というわけです。

この神から自然権を与えられたという考え方を「天賦人権論」と言います。

この時代の「王権神授説」に対するアンチテーゼと言えるでしょう。

ロックの社会契約説は、抵抗権を行使するのは神から与えられた権利（自然権）を守るために行うのであり、そもそも神から与えられた権利を守るために社会を作るのだという考え方です。

ただ、この考え方は当時のキリスト教社会ではすんなりと受け入れられたかもしれませんが、例えば現代の日本で「自然権（基本的人権）は神から与えられたものだから、守らなければならない」と主張しても、多くの人は納得しないのではないでしょうか。人によっては「神様なんていないんだから、基本的人権も守らなくていいよね」などと言い出すかもしれません。

ロックの「天賦人権論」に対して、「神とは関係なく、人間には生まれながらにして持っている権利があるのだ」と考えたのがルソーでした。

ルソーの社会契約説

ジャン・ジャック・ルソー（1712－1778）は、『社会契約論』という著作において、ホッブズやロックが提唱した「社会契約」の概念を引き継ぎながらも、独自の思想を作り上げました。

ルソーも、ホッブズやロックと同様、無秩序状態を回避するために、人々は「社会契約」によって国家のような社会を形成すると考えました。

そして、ロックと同様に、「一度、権利を委譲した為政者には逆らってはならない」とするホッブズの考え方を批判します。

ただし、ルソーと異なるのは、そこに「神」という論理を持ち出さず、「人間は生まれながらにして、自分たちのことを自分たちで決める自由（権利）を持っている」と考えたことでした。

「自分たちのことを自分たちで決める自由（権利）」は、現在では「主権」という概念になっています。

この「主権」が為政者ではなく、人民にあるとして「人民主権（主権在民）」という概念を強く打ち出したのがルソーでした。

ルソーの最も特徴的な考え方は、人々は為政者（王）に権利を委譲したのではなく、「共同体」に委譲したのであり、「一般意思」こそがその共同体そのものだとした点です。

「一般意思」とは何なのかについては、ルソーははっきりとは定義していないため、議論百出で、「こういうもの」として目の前に出すことができません。しかし、「誰か特定の為政者や、為政者が牛耳っている組織の意思ではないこと」は確実です。

「何らかの方法で抽出された『人民（市民）の総意』と見なされうるもの」であると言えるでしょう。

もちろん「総意」というのは全会一致を意味するものではありません。

市民や国民が全員賛成することだけが「総意」だとしたら、この世に「総意」なるものはほぼ存在し得ません。

なので、何らかの方法で抽出し、その抽出されたものを総意と見なすのです。

ただし、それは抽出から漏れた意見を無視してもいいという意味ではありません。

社会契約説に基づいた民主主義

ホッブズ、ロック、ルソーという3人の思想家の考え方を追いながら、「社会契約説」について見てきましたが、この流れからわかることは「市民が先にあり、国家は後でできた」ということです。

これが「社会契約説」の基本となります。

ただし、現実の歴史の流れとしては、市民がいきなり集まって、社会契約をして国家ができたというわけではありません。

あくまでも「こう考えるべきだ」という話です。

現実の歴史の流れで言えば、市民社会は絶対王政の名残の中から生まれてきます。

領土も、絶対王政時代の領土を（ある程度）保ちながら、市民社会、国民国家が生まれてきます。

「絶対王政」の考え方は、まず「王（king）」が先にいて、その「王（king）」が支配する国家が先にあり、その国家が市民たちに権利を与えるというものです。

つまり、「王（king）」という為政者がいてこそ、市民の権利が保障されると考えるのが

「絶対王政」であり、その「王（king）」が為政者となる根拠が「王権神授説」だったわけです。

「社会契約説」は、これを否定します。

まず「王（king）」という為政者がいて、その為政者が市民の権利を保障するのではなく、市民は生まれたときから全員がすでに権利を持っていて、為政者はその権利（の一部）を委譲されたにすぎないと考えたのが「社会契約説」です。

この考え方は現代にまで続いており、現代の民主主義の根幹をなすものの一つとなっています。

憲法と立憲主義

ここまでで社会契約説について、おおまかに理解されたことと思います。

次に「憲法」について考えていきたいと思います。

突然ですが、「憲法」とは何でしょうか。

よくなされる説明としては「法律の法律」「国の最高法規」などといったものがあります。

国の根幹となる法であって、各種の法律は憲法に違反してはいけないと言われ、学校の社会（公民や政治経済など）の教科書でも多くはこのような説明になっているようです。

もちろん、間違いではありませんが、これだけでは本質的なことを述べていない、曖昧な説明だと言わざるを得ません。

憲法とは、社会契約説に基づいて成立した国家において、主権者である市民（国民）が、為政者（国家権力）の暴走を防ぐために、その権力を制限する法のことを言います。

市民（国民）は、各人が生まれながらに持つ権利（の一部）を為政者（国家権力）に委譲して国家を成立させますが、権利を委譲された為政者（国家権力）は強大な力を持ち、時に主権者である市民（国民）の権利を過剰に侵害することがあります。

残念ながら、巨大な権力を持った為政者（国家権力）は、往々にして市民（国民）の権利を侵害しがちであることは、歴史が証明しています。

そんな為政者（国家権力）の暴走を抑えるために、為政者（国家権力）の力を制限するものが、憲法なのです。

こうした考え方は、「立憲主義」などとも呼ばれます。

「立憲主義」の考え方からすれば、本来、憲法の条文の中に「国民の義務」のような記述があるのはおかしいのです。

国民が国家権力にはめる足枷が憲法です。

その憲法の中に「国民の義務」が書かれるということは、主権者である国民が、自らに足枷をはめているようなものです。

ただ実際には、世界にはいろいろな憲法があり、「国民の義務」が条文に書かれている憲法もあります。

しかし、本来の憲法の役割から言うと、「国民の義務」は法律に書かれるべきものであり、憲法には「国家権力の義務」が書かれるべきものなのです。

日本国憲法にも「国民の義務」が書かれた条文がありますが、あれは戦後、ＧＨＱが急いで作ったという面が多分にありますし、おそらく草稿を作った人が憲法や立憲主義について、きちんと理解していなかったのだと思います。

憲法改正について、その是非が議論されることがありますが、改憲論の人も護憲論の人もどちらでもない人も、「憲法とは主権者である国民が国家権力を縛るための法である」

という大原則を理解したうえで議論してほしいものです。

自民党改憲案の本当の危うさ

自由民主党（自民党）は、２０１２（平成12）年に「日本国憲法改正草案」（改憲案）を発表しています。

自民党は憲法改正が結党以来の党是ですので、時代による温度差はあるものの、とにかく憲法改正を目指す党であると言っていいでしょう。

それに対して「憲法を守れ」と訴える護憲派の人たちもいます。

護憲派の主張はおおむね「憲法９条を守れ」というもののようです。

対して、自民党の改憲案は、憲法９条に変更を加えるものになっています。

ただ、私は自民党の改憲案に限らず、憲法９条の変更には、実質的な意味はほとんどないと考えています。

意味があるとすれば、「自衛隊は憲法違反だ」などと言われなくなることで自衛隊の人たちの士気が上がるということでしょうか。
しかし、自衛隊の人たちの士気は、現状でも十分高いと思いますし、改憲しないと士気が高まらないのだとしたら、むしろそちらの方が問題ではないかと思います。

私が憲法9条を改正しても意味がないと考えるのは、国際的な関係性によるものです。具体的には、国連憲章のいわゆる敵国条項、サンフランシスコ講和条約、そして日米安保条約です。
国連憲章には「敵国条項」と呼ばれる条文があります（国連憲章第53条、第77条、第107条）。

国連憲章
第53条
1 安全保障理事会は、その権威の下における強制行動のために、適当な場合には、前記の地域的取極又は地域的機関を利用する。但し、いかなる強制行動も、安全保障理事会の許可がなければ、地域的取極に基いて又は地域的機関によってとられてはならない。もっとも、本条2に定める敵国のいずれかに対する措置で、第107条に従って規定されるもの又はこの敵国における侵略政策の再現に備える地域的取極において規定されるものは、関係政府の要請に基いてこの機構がこの敵国による新たな侵略を防止する責任を負うときまで例外とする。

2　本条1で用いる敵国という語は、第二次世界戦争中にこの憲章のいずれかの署名国の敵国であった国に適用される。

第77条

1　信託統治制度は、次の種類の地域で信託統治協定によってこの制度の下におかれるものに適用する。

a　現に委任統治の下にある地域

b　第二次世界大戦の結果として敵国から分離される地域

c　施政について責任を負う国によって自発的にこの制度の下におかれる地域

2　前記の種類のうちのいずれの地域がいかなる条件で信託統治制度の下におかれるかについては、今後の協定で定める。

第107条
この憲章のいかなる規定も、第二次世界大戦中にこの憲章の署名国の敵であった国に関する行動でその行動について責任を有する政府がこの戦争の結果としてとり又は許可したものを無効にし、又は排除するものではない。

簡単に言いますと、第二次大戦でいわゆる枢軸国だった国々（日本、ドイツ、イタリアなど）が大戦の結果で確定した事項に反する行動を取ったり、侵略的な行動を取ったりした場合、国連加盟国や地域安全保障機構（例えば、NATOのような組織）は国連安全保障理事会の承認がなくても軍事制裁を科していいということになっているのです。

これは、大戦時の連合国側の国が一方的にできる権利であり、他国はそれを止めることはできません。

これはあくまでもたとえ話ですが、日本の自衛隊が海外の紛争地域などにいる日本国民を救出するために出動し、現地に赴いた時、第三国（大戦時の連合国）が「あれは日本の侵略行為だ。我が国は日本の侵略行為に対して、制裁を加える」と言えば、日本への軍事攻撃がすぐにでもできてしまうということです。

もちろん、現実にはなかなかそういうことは起こらないと思いますし、もし起こったとしたら、それこそ日米安保条約が発動されるのでしょうが、こうした条文が、平和を高らかに謳っているはずの国連憲章の条文に今なおしっかりと残っているという事実は知っておくべきです（また、ウクライナへのロシアの侵攻で、米軍は一切動かなかったことから、日本の有事にも米軍は動かないのではと考える人も、最近、出てきたようです）。

そして、旧枢軸国側は何度となく、国連でこの「敵国条項」の削除を求めてきたにもかかわらず、いまだに残り続けているのです。

また、先ほど３つ挙げたうちの残りの２つ、サンフランシスコ講和条約と日米安保条約はセットです。

サンフランシスコ講和条約で日本の独立（一応、そういうことになっていますが、事実上は単なる「自治権」の容認）を認める代わりに、日米安保条約で米軍を日本に駐留させることを認めるというのが、この両条約です。

さらに、日米安保条約に付随して日米地位協定などもあり、仮に憲法９条が改正されたとしても、自衛隊が米軍の下請け的任務を担わされ続ける状況は変えようがありません。

実際に米軍とともに外国の軍隊と戦うことになった場合、自衛隊は間違いなく米軍の指揮下に置かれることになります。

と言うより、事実上、自衛隊は常時、米軍の指揮下にあると言っても過言ではないでしょう。

もし自衛のためであっても、日本が戦争に巻き込まれれば、日本に駐留する米軍も一緒に戦争に巻き込まれることになります。

自国と関係ない戦争に巻き込まれることを、アメリカがよしとするはずがありませんから、たとえ自衛のためであろうと、日本が何らかの軍事行動を起こそうとすれば、アメリカから強力な「ストップ」がかかることは明らかです。

国際条約というのは、国内法よりも上位に位置する概念です。

「憲法9条を変えたから、日本はいつでも（自衛のための）戦争ができるぞ」と日本がいくら意気込んでも、大戦時の連合国からは「勝手に軍事行動をしたら、国連の敵国条項に基づいて軍事制裁するぞ」と言われ、アメリカからは「うちを巻き込むような軍事行動は絶対に許さないぞ」と言われることになるのです。

結局、日本は憲法9条を変えたところで、何もできない状況は変えられないわけです。

おそらく、自民党も自民党の改憲案を作った人たちも、そんなことは百も承知のはずです。

では、なぜ自民党はそれほどまでに改憲に力を入れているのでしょうか。

その意図は、自民党の改憲案の他の条文に滲み出ています。

あの自民党の改憲案を読むと、「憲法9条の改正というのは単なるカモフラージュで、本当の意図は別のところにありそうだ」と強く感じさせられます。

その意図とは「社会契約説的民主主義国家から絶対王政国家への逆行」です。

社会契約説的民主主義を破壊したい自民党憲法改正案

市民（国民）が国家を形成する社会契約説の基本は「自然権」の概念です。

市民（国民）の権利は、「king」などの為政者や国家権力によって与えられているのではなく、すべての人が生まれ持っている（西洋的、あるいはジョン・ロック的には「神」によって与えられている）ものと考えます。

しかし、自民党の改憲案を読むと、そうではなく、「king」などの為政者が日本国民に権利を与えてやると読めるのです。

しかも、この改憲案が想定している「king」は、天皇陛下ではなく内閣総理大臣だと読めます。

もちろん、表面的には自民党改憲案第一条も「天皇は、日本国の元首であり、日本国及び日本国民統合の象徴であって、その地位は、主権の存する日本国民の総意に基づく」となってはいます。

しかし、他の条文と照らし合わせると、天皇陛下は「象徴」とするのに対して、内閣総理大臣を「king」とする気満々なのです。

その例が特に顕著なのが、第九章「緊急事態」の部分です。

例えば、第九十九条には「緊急事態の宣言が発せられたときは、法律の定めるところにより、内閣は法律と同一の効力を有する政令を制定することができるほか、内閣総理大臣は財政上必要な支出その他の処分を行い、地方自治体の長に対して必要な指示をすることができる」「緊急事態の宣言が発せられた場合には、何人も、法律の定めるところにより、当該宣言に係る事態において国民の生命、身体及び財産を守るために行われる措置に関して発せられる国その他公の機関の指示に従わなければならない」とあります。

一応、基本的人権は最大限、尊重されなければならないというような一文もありますが、「内閣は法律と同一の効力を有する政令を制定することができる」「内閣総理大臣は財政上必要な支出その他の処分を行い、地方自治体の長に対して必要な指示をすることができる」「何人も（中略）公の機関の指示に従わなければならない」といった部分などは、そんな取って付けたような一文など一気に吹き飛んでしまう強烈な表現です。「何人も（中略）公の機関の指示に従わなければならない」とは、ロックやルソーが否定した、ホッブズの考え方そのものですから、まさに近代民主主義の全否定と言っても過言ではありません。

さらに、第二次大戦前のドイツでナチスのヒトラーが絶大な権力を持ち得た背景を少しでも知っていれば、この条文がどれほど恐ろしいものか、あるいはどのような野望をもって作られたものかはすぐにわかるはずです。

ヒトラーは、少なくとも政権奪取と内閣の権限強化について、（国会議事堂放火の疑惑やいわゆる「議会テロ」はあったものの）表面的には民主的な手続きで実現させました。

ヒトラーの権力集中を決定的にしたのは、「全権委任法」と称される法律の成立です。内閣に、事実上、無制限の立法権を与えたことによって、国会は有名無実化し、ヒトラーは議会に諮ることなく、好き勝手に法律を作ることができるようになったのです。

自民党の改憲案第九十九条をもう一度、読んでみましょう。

「（緊急事態宣言が発せられたら）内閣は法律と同一の効力を有する政令を制定することができる」とあります。

緊急事態宣言が発せられた瞬間、日本の内閣はナチスになれるのです。

そして、内閣総理大臣はヒトラーになれるわけです。

天皇陛下は現在と同じく「象徴」ですから、事実上、政治的な権限は何もありません。

こうして内閣総理大臣が日本の「king」になってしまうのです。

また、自民党改憲案第十五条には「公務員の選定を選挙により行う場合には、日本国籍を有する成年者による普通選挙の方法による」と書かれています。

注目すべきは「公務員の選定を選挙により行う場合には」という部分です。

これは「選挙という特別な条件の下で公務員の選定を行う場合には」と読めます。

こう表現されているということは、すなわち「選挙による公務員の選定を行わない場合がある」、あるいはむしろ「普通は、公務員の選定を選挙では行わない」ということになります。

「これの何が問題なのか」と思うかもしれませんが、実は非常に大きな問題をはらんでいます。

これも「民主主義」から「王政」に戻したいという意図を如実に表現しているのです。

それは「公務員」という言葉の使い方です。

皆さんは「公務員」と聞くと「国家公務員」「地方公務員」、すなわち官僚とか役所の人とか、あるいは警察官や消防士や公立学校の先生といった人たちを思い浮かべるかもしれません。

しかし、憲法における「公務員」とは「国政選挙で選ばれた人」を指すのです。

つまり「公務員」＝「国会議員」です。

代議制は、現状においては、一応、「民意」が反映される仕組みであるということになっています。

それに対して、官僚や役所の人たちは選挙で選ばれた人々ではありませんから、彼らが決定する政策には民意は反映されません。

仮に民意に沿った政策が行われたとしても、それは結果論であり、常に事後承諾ということになります。

「自然権」を持つ市民が集まって、そこで社会契約説に基づいて、何らかの人たちに自分たちの権利を委譲、委任するというのが代議制です。

そして、権利を委譲、委任された人のことを「公務員」と言うのです。

しかし、自民党改憲案では、「普通は、公務員の選定を選挙では行わない」と言っているわけですから、ここで言う「公務員」とは官僚や役所の人たちを指すのでしょう。

官僚を「公務員」（権利を委譲、委任された人）と呼ぶということは、「官僚に市民の権利を委譲、委任する」ことを意味します。

これは明らかに社会契約説に反します。

古代中国で、試験にパスした人たちを権力者のアシスタントにして、彼らに政治を任せる仕組みが生まれ、その後、長く続けられてきました。

これを「科挙制度」と言います。

現在の日本の首相官邸はこの仕組みに極めて近い形で、政治を行っています。

現在の日本の政治は、事実上、首相官邸が動かしていると言っても過言ではありません。選挙で選ばれたわけではない、国家公務員試験をパスしただけの官僚たち（諮問会議などの形で、国家公務員試験すらパスしていない民間人も混ざっています）が、民意などお構いなしに、社会契約説に反するやり方で日本の政治を動かしているのです。

まさに、中国の王政の論理で日本の政治が行われている現状があります。

民主主義を根幹から否定する仕組みですが、なぜか堂々とまかり通っているのです。

これを、憲法で保障してしまおうという意図が見えるのが、この自民党改憲案第十五条なのです。

現状憲法下であっても、現在の日本は「王国」です。

日本国民がどれほど意識しているかはわかりませんが、外国から見た日本は紛れもなく

「王国」であり、その日本という王国の「king」はこれまた紛れもなく天皇陛下です。

「king」はパスポートなしで、お互いの国を行き来できます。

日本でそれができるのは皇室だけです。

天皇陛下が日本の「king」だから可能なのです。

条約相手国に「king」の入国審査をする権限はありません。

ちなみに、これも多くの人が誤解をしていますが、衆議院の解散権を持っているのは誰だと思いますか。

ほとんどの人は「内閣総理大臣」と答えるのではないでしょうか。

事実上はそうかもしれませんが、憲法上は明らかに違います。

衆議院の解散権を持っているのは、憲法上は「天皇陛下」です。

日本国憲法第七条には「天皇は、内閣の助言と承認により、国民のために、左の国事に関する行為を行ふ」とあり、その三項目に「三　衆議院を解散すること」と書かれています。

衆議院の解散に関わることができるのは、憲法上は「内閣総理大臣」ではなく「内閣」であり、しかも内閣は天皇陛下への「助言と承認」しかできないことになっています（国会の召集も天皇陛下の国事行為）。

一般的な衆議院の解散が「七条解散」と呼ばれるのは、この日本国憲法第七条に則った解散だからです（もう一つの解散は内閣不信任案が可決されたときの「六十九条解散」、ただしこの場合も天皇陛下に解散権がある）。

天皇陛下が内閣の助言と承認によって解散するのが、衆議院の「七条解散」なのです。与党の国会議員がよく「解散は総理の専権事項なので」などと言いますが、こういうことを言う人は、日本国憲法を知らない人かうそつきかのどちらかです。

「でも、天皇陛下には内閣の決定を覆す権限はないのだから、やはり内閣の長である総理大臣に解散権があるのが事実ではないか」と思う人も多いことでしょう。

何度も言いますが、「事実上」はそのとおりです。

しかし、私が言いたいのは「憲法上」はそうなっていないということです。

なぜ憲法上、衆議院の解散権は天皇陛下にあるのか。

それは、天皇陛下が日本の「king」だからにほかなりません。

では、自民党の改憲案では、衆議院の解散についてどのように書いてあるのでしょうか。

実は「七条解散」については、「第六条（の2）」としてほぼそのまま残っています。

一方、「第五十四条」として「衆議院の解散は、内閣総理大臣が決定する」となっています。

本音と建前が同居している感じで非常に居心地が悪いのですが、同時に感じるのは、「形の上では天皇陛下を『king』のように見せつつ、内閣総理大臣を実質的な『king』にすることを憲法上に明記する」という意図です。

これこそまさに、「社会契約説に基づく民主主義をやめて、『内閣総理大臣による王政』に復古する」という明確な宣言だと読み取ることができるのです。

小選挙区制と政党助成金制度によって、党の執行部と首相官邸は絶大な権力を握りました。

国会議員は、党の執行部や首相官邸に逆らえば、次の選挙で公認がもらえず、小選挙区での当選が危うくなると同時に、仮に当選できたとしても党からお金がもらえなくなりますから（党の公認がもらえなければ無所属で立候補することになるので）、選挙活動も政治活動も何もかも自腹でやることになります。

そんなことになったらたいへんですから、国会議員は党の執行部や首相官邸には絶対に逆らえないわけです。

すると、党や首相官邸が決めた政策には、自身の政治信条に関係なく、すべて賛成票を投じるしかありません。

本来、国民の代表として国会でよくよく議論し、完全にとはいかずともある程度はお互いに納得した上で法案を採決するというのが国会議員の仕事のはずですが、これはすべて単なる儀式で、結局はどれほど議論しようが結論は決まっているということになってしまったのです。

結論が最初から決まっているなら議論など無駄ですから、「強行採決だ」という話になっていくわけです。

現実に、国会では強行採決が繰り返されてきました。

もっとも、本会議での強行採決どころか、自分の党内の部会での議論を否定する人までいるのですから、あきれてものも言えません。

河野太郎氏はワクチン担当相時代、「（党の）部会で（国会議員たちが）ギャーギャー言っているよりも副大臣、政務官チームを非公式に作ったらどうか」などと発言しています。

その後、「ギャーギャーというは不適切だったので取り消したい」と述べていますが、「副大臣、政務官チームを非公式に作る」という、民主主義完全否定の部分を取り消す気はさらさらありませんでした。

国会議員とは、主権者である国民の代表として国会に集まっている人たちです。

もちろん、党の部会にも、国民の代表として出席しているはずです。

しかし、河野元大臣にはそういう考え方がないようで、国会議員を、ただ適当に集まって、適当なことをギャーギャー言っている人たちとしか見ていませんでした。

権力の座にある一部の人たちが、自分たちの通したい法案を、深い議論もなしにすべて通すような政治体制を、はたして「民主主義」と呼んでいいのでしょうか。

私には大いに疑問です。

真の民主主義を取り戻す

自民党が掲げる改憲案は、日本を内閣総理大臣が「king」である王政国家にすることが目的だとわかっていただけたと思います。

私は憲法改正そのものに反対しているわけではありませんし、自民党の現在の改憲案であっても、仮に多くの（過半数の）国民が賛成するのであれば、そのとおりに改憲すればいいと思います。

しかし、改憲の良し悪しを、その中身に関する知識なしに問うのはよくないことです。ですから、ここまで自民党の改憲案の内容を、特に社会契約説に基づく民主主義という観点から吟味してきたわけです。

このことをきちんと理解した上で、改憲、護憲、あるいはその具体的な中身について議論しなければ、間違った判断をしかねません。

これに対して「自民党の改憲案に反対なら、対案を出せ」などという人がいます。現状維持という対案もあるのでしょうが、私は現状自体がすでに「王政」に向かっている（あるいは、すでに一部、王政化している）と思っていますので、それに対する対案を次章で具体的に提示していきたいと思っています（改憲案の対案ではなく、政治制度自体の対案です）。

党執行部や首相官邸、官僚が国を支配するような、見せかけだけ民主主義の王政国家ではなく、真の民主主義を取り戻すための画期的な提案をしていきたいと思います。

第二章

真の国民主権を実現する「重み付け直接民主主義」

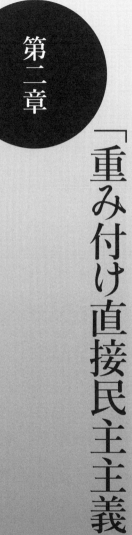

多数決という過半数総取り制度は正しいのか

前章では、民主主義について、社会契約説の視点から少し詳しく見てきました。すでに読者の皆さんは、民主主義について、必要かつ十分な知識を得られたことと思います。

しかし、世の中の人に「民主主義とは何か?」と問えば、多くの人が「多数決で決めること」と答えると思います。

特に日本人は、小さい頃から学校などで「多数決」で物事を決めるように教えられます。困ったことに、「民主的に多数決で決めましょう」などと指導する先生までいるほどです。

そもそも「民主主義」と「多数決」はまったく異なる概念です。

多くの人は「多数決」を「民主主義」あるいは「民主的決定方法」だと思っているようですが、これは間違いです。

「民主主義」とは、前章でも見た通り、社会契約説に基づいて、絶対主義権力者ではなく、生まれながらに自然権を持った市民たちが集まって政治の方向を決める仕組みのことです。

一方、「多数決」とは、その場に集まった人たちの過半数が賛成した意見を全体の意見として採用して政治の方向とする、政策決定の手段のことです。

「政治の方向、政策の決定は、多数決によって行う」と決めたら、とにかく過半数の人が賛成したことにすべての人が従わなければなりません。

何も考えていない人でも、考えることが不得意な人でも、あるいは力のある人の言いなりになっている人も、とにかく一人1票の票を持っていて、その票数が過半数となったら、その意見が全体の意見として採用されるわけです。

言ってみれば、「過半数総取り」の意思決定制度です。

これは共同体の意思決定制度として、はたして正しいと言えるのでしょうか。

ここで、なぜ多くの人が「民主主義」と「多数決」を同じものだと考えてしまうのかを確認しておきましょう。

簡単に言うと、権利（自然権）を持った市民が大勢集まって（民主的に）何かを決めようとすると、たいていの場合、なかなか意見がまとまらず、最後は多数決に頼らざるを得なくなるからです。

結論を先送りできるのであれば、さらに深く議論すればよいのですが、どうしても結論を出さなければならないケースもあります。

小学校の学級会（ホームルーム）などを思い浮かべてもらってもよいでしょう。

例えば、遠足で行きたい場所を、先生たちが勝手に決めるのではなく、クラスのみんなで民主的に決めることにしたとします。

クラスの一人一人は、みな同じように自然権を持っています。

Aさんは「山に行きたい」、Bさんは「海に行きたい」、Cさんは「川に行きたい」と言い、何とかこの3案に絞られたとしましょう。

この3案に絞られるまでにも、かなり白熱した議論が戦わされたはずですが、ここからさらに激しい議論が繰り広げられることになるでしょう。

各人が、自分の行きたい場所がいかにすばらしいか、他の場所ではなぜダメなのかといったことについて主張し、また他の場所に行きたい人の意見に反論するといったことが繰り返されるでしょう（ちなみに、このようなやりとりを「ディベート」だと思っている人がいますが、ディベートとは論理を戦わせる「競技」であり、「集団による意思決定のためのツール」ではありません）。

まるで「万人の万人に対する闘争（戦争）」のような状況が生じてしまいます。

そうした「万人の万人に対する闘争（戦争）」というカオス状態を回避するために、ホッブズは自然権を為政者に預ける、あるいはロックは自然権の一部を為政者に預けるようにすればいいと考えました。

さらに、ルソーは「一般意思」に自然権の一部を預けるという考え方でした。

「一般意思」については、すでに述べたように、ルソーがはっきりと定義していないため議論百出なのですが、「何らかの方法で抽出された『人民（市民）の総意』と見なされうるもの」と考えればよいという話を前章でしたと思います。

この一般意思（人民・市民の総意と見なされうるもの）を抽出する方法の一つとして考え出されたのが「多数決」なのです。

「だったら、やっぱり多数決は民主的だな」と思ったかもしれませんが、あくまでも方法の一つであり、さらに言えば、妥協の産物であることを忘れてはいけません。

民主主義とは、自然権を有した人たちが集まって話し合いをして物事を決めるものです。

徹底的に話し合いをして、お互いに主張すべきことを言い合ったにもかかわらず、物事が決まらない場合、さらにそれでも決めなければならない場合に、仕方がないので「多数決」という妥協をして決めるのです。

「多数決で決めるのが民主的だ。民主的な手法で決まったのだから、みんな決まったことに従え」と言うのでは、(ホッブズはともかく) ロック以降の社会契約説が否定した絶対王政と変わりません。

しかも、ロックによれば、そうした王政に対する抵抗権を市民は有しています。

もちろん、法治国家においてむやみに抵抗権を振りかざせば、違法行為として捕まってしまうでしょう。

しかし、「多数決で決めたことはすべて正しい」という考え方もまた誤りだということは知っておくべきです。

もう少し「多数決」について考えていきましょう。

国会の法案はもちろん多数決で決まります。

そもそも、私たちは選挙というシステムによって、国会議員に自然権の一部を委譲しています。

私たちの自然権を委ねられた国会議員たちが、私たちの意見を代表して国会で議論をし、それでも決まらなければ、妥協の産物としての多数決によって法案、政策を決めます。

こうしたプロセスが正しく機能していればこそ、国会での議決を「一般意思」と見なしうると言えるわけです。

現実はどうでしょうか。

もうおわかりでしょう。

何度も述べてきたとおり、国会議員は首相官邸、党執行部に逆らえず、法案についての賛成・反対を自分の頭で考えることはできません。

国会議員は首相官邸や党執行部が決めた賛成・反対のとおりに投票する、ただの投票マシンにすぎないのです。

その国会議員に投票した有権者の大半が「反対」だったとしても、首相官邸や党執行部が「賛成」であれば、その国会議員はほぼ間違いなく本会議の採決で「賛成票」を投じることでしょう。

もし「反対票」を投じてしまったらたいへんです。

造反者として、次の選挙では公認されず、別の公認候補者（刺客）を送り込まれて、苦しい選挙戦を強いられることになります。

こうした仕組みで決まる政策が、はたして「一般意思」に沿っていると言えるでしょうか。

こうした仕組みで政策が決まっていく政治システムを「民主主義」と言っていいのでしょうか。

もちろん、どちらも「ＮＯ」です。

民主主義と資本主義

民主主義とは、生まれながらにして人権（自然権）を持っている人々（市民・国民）が集まって議論し、その集団・共同体の政策を決めていく仕組みのことでした。

やがてその集団・共同体の人々は、「よりよい政策を行っていくためには、それぞれの政策について得意な人に任せた方がいい」と考えるようになりました。

これが間接民主主義（間接民主政・間接民主制）です。

もちろん、「人が多すぎて、物理的に集まれない」という理由もありますが、基本的には「得意な人に任せた方が、全体としてよりうまくいく」という考え方が間接民主主義を支えています。

これは資本主義と非常によく似ています。

資本主義とは、みんなでお金を出し合って、そのお金をビジネスの得意な人に任せて、より上手に使ってもらうことによって、世の中の富を増やそうというものです。

大きなビジネスを動かすには大きなお金が必要になります。

例えば、個人では一人1万円しか出せない人たちばかりだったとしても、そういう人たちが1万人集まれば、1億円もの大金が集まります。

それをビジネスの得意な人に委ねて、上手に使ってもらおうというのが資本主義ですから、民主主義（間接民主主義）の考え方に、非常によく似ています。

実際、株主総会も基本的には過半数主義です。

お金を出し合って、ビジネスが得意な人に委ねますが、お金を出した人には意見を言う権利があります。

この場合は、生まれながらにして持っている権利ではなく、お金を出資することによって生じる権利であり、さらに一人1票ではなく、持ち株数に応じて票数が割り当てられるので、言ってみれば「持ち株過半数主義」ですが、それでも民主主義に相通じるものがあると言えます。


先ほどから述べているように、政治家を選ぶのも、本来は「より得意な人に任せよう」という考え方によるものです。

「私は国家統治が得意です」「私は皆さんの希望する政策を実現させるのが得意です」と言って立候補した人たちに、市民は生まれながらに持っている人権（自然権）の一部を委ねて、政治を任せるわけです。

もし不正や歪みがあったら、民主主義も資本主義も成り立ちません。

資本主義で言えば、例えば「会社が株主総会を無難に切り抜けるために総会屋を雇う」といったことは大きな歪みであり、本来の資本主義からずれてしまうものです。

そういった歪みが生じないように、さまざまな規制があるわけです。

このように、資本主義も民主主義に通じるものがあることは、知っておいてよいかと思います。

大統領制と議院内閣制

アメリカの大統領は、国民による投票で選ばれます。

選挙人制度という、ちょっと不思議な制度で決めますが、基本的には選挙人が誰に投票するかは事前にわかっているので、国民投票で決まると言っていいでしょう。

アメリカの大統領選挙は民主的だと思うかもしれませんが、「はじめに」でも述べたように、選挙人制度というのはそもそも人種差別から生まれたものです。

黒人奴隷に選挙権を与えることの是非を議論する中での、妥協の産物なのです。

まず黒人奴隷の票は白人の5分の3（のち4分の3）にして、その上で選挙人を選び、その選挙人が大統領を選ぶという仕組みにしました。

当時の選挙人はすべて白人です。

こうして、黒人奴隷にも（白人より権利が小さいながらも）選挙人選出の投票権は認めつつ、大統領を直接選ぶのは白人という仕組みを作ったのです。

人種差別がもとでできた制度であるにもかかわらず、現在まで引き継がれています。

この制度が維持され続ける最大の理由は、この方式が二大政党に有利で小さい党は絶対に大統領を出せないので、二大政党のどちらにも変える気がないということです。

このように、選挙人というやや歪んだ仕組みを挟んではいるものの、アメリカの大統領は国民投票によって選ばれます。

対して、日本は議院内閣制なので、総理大臣を国民投票で選ぶことができません。

これについては賛否両論ありますが、憲法を改正しない限りは、この仕組みが続くことになります。

議院内閣制によって間接的に統治者を選ぶ仕組みになっている理由は、地域によって望む政策が異なるからだと思います。

例えば、農業地域と工業地域とでは、望む政策は異なるでしょう。

水産業が盛んな地域なら、さらに別の政策を望むでしょうし、都市部の人たちの望む政策もまたそれらとは異なることでしょう。

もちろん、同じものを望む場合もあるでしょうが、住んでいる地域の特性によって基本的には異なる政策を望むことが多いはずです。

そうした異なる政策を望む人たちの意見を、最大限、吸い上げる仕組みとして導入されているのが選挙区制度です。

国会議員は、基本的には選挙区から選ばれますので、その地域の人たちの代表として国会に行っています。

もし選挙区制度がまったくなく、すべて全国区で議員を選ぶとしたら、地域によっては意見が完全に封殺されてしまう場合もあるでしょう。

議院内閣制はこの考え方の延長線上にあります。

各地域の代表である国会議員が、その地域の意志としての一票を投じ、総理大臣を選ぶというのが、日本の議院内閣制の（少なくとも建前上の）仕組みなのです。

ところで、一人1票という仕組みは、一見、平等かつ公平なようにも見えますが、実は人口が多い地域の方がその政策が実現されやすいものでもあります（あとで「1票の格差」の話について詳述します）。

これは、このあとの本書の核心部分にもつながる問題なので、頭の隅に置いておいてください。

国会議員の2つの役割

国会議員には、大きく分けて2つの役割があります。

1つは選挙区という地域の代表として、その地域の望む政策を実現させることです。だから、立候補者は「私はこの地域の利益を誰よりも上手に代表します」と言って、選挙に臨むわけです。

よく地元の公共事業の仕事などを国から取ってくる政治家が、「利益誘導だ」などと批判されることがありますが、地域がそれを望んでいるのであれば、あながち間違ったこととも言えないわけです。

近くの別の町に新幹線の駅ができるかもしれないという話があったとします。

もし「それなら、(近くの町ではなく) うちの地域にぜひ駅を作ってほしい」と地域の人が望んでいるのであれば、その意見を国政の場で披露し、実現させようとすることは、少なくともその地域の人々からは望まれている能力だと言えます。

新幹線の駅を地元に誘致するという働きかけ自体は、間違いでもなければ悪いことでもありません。

問題なのは、その政策実現に絡んで賄賂をもらうとか、知り合いの建設業者と癒着して、駅の建設の仕事を優先的に与えるといったことです。

そういうことをしてしまうのは問題ですが、そうでなければ、むしろ地元からは望まれていることだとも言えるのです。

しかし、国会議員にはもう1つの役割があります。

それはもちろん、立法機関として国政を担う、つまり国家を運営するというものです。

地域の代表たちが集まって、立法機関として国政を担う場所が国会なのです。

地域の代表といえども、国会議員であるからには、国を動かすことができなければいけません。

国会議員の仕事は、国会で法案の賛否に1票を投じることだけではありません。

メインの仕事は国会内のどこかの委員会に所属して、国政を担うことです。

各省庁というのは、基本的には国会の各委員会の下に位置する存在です。

国権の最高機関である国会は、委員会を通じて各省庁を統括しているのです。

例えば、衆議院の財務金融委員会や参議院の財政金融委員会の下に財務省や金融庁があるという具合です。

だから、政治家の方が官僚よりも立場が上なのが当たり前で、官僚にはそもそも何の権限もありません。

事務次官であっても、あくまでも政治家の補佐にすぎません。

その補佐役を国家公務員試験という〝科挙〟によって選ぶわけです。

国会議員は、地域の利益を最大化するという役割と、国家を運営するという役割とを両立させなければなりません（参議院の比例代表だけは、若干、異なるかもしれませんが）。

この2つをいままでとはまったく異なるやり方でできないか、というのが、このあとで論じる、本書の核心部分です。

いま直接民主主義ができていないのはなぜか？

日本の（そして、多くの国の）現在の政治システムは、間接民主主義（間接民主制）です。

これに対して、市民（国民）が全員参加して政治を動かす仕組みを、直接民主主義（直接民主制）と言います。

本来、民主主義とは、市民（国民）が持って生まれた自然権を行使して、政治を動かしていく仕組みのはずです。

そうであれば、全員が参加して、全員で決める直接民主主義こそが正しいやり方でしょう。

では、なぜ直接民主主義ではなく、間接民主主義を採用しているのでしょうか。

前にも少し触れましたが、これにはいくつかの理由が考えられます。

1つは、先ほど述べた「得意な人に任せる」という論理です。

市民（国民）は、権利は平等に持っていますが、全員が同じように政治に詳しいというわけではありません。

「政治のことはわからない」「政治はちょっと苦手」という人もいるでしょう。

そういう人たちは、「得意な人たちに任せた方がいい」と考えるはずです。

少しずつお金を集めて、ビジネスが得意な人に任せるという資本主義と同じ考え方です。

「能力の問題」と言ってしまうと身も蓋もない感じがしますが、法律のことをよく知らない人に法律を作れと言っても無理ですし、全体にとっても不利益が大きいでしょう。

だから、法律作りに長けた人を投票で選んで、国会に代表として送り出すわけです。


他に考えられる理由は、市民（国民）全員が集まって、有意義な議論をして、採決をするというのは、物理的に不可能だというものです。

近代国家や現代の共同体では市民（国民）全員が集まって話し合えるような広場はありませんし、集まったとしても、全員が納得できるような有意義な議論をすることは不可能です。

ただし、この点については、ここ最近で大きく変わってきています。

少し前までは不可能だったかもしれませんが、現在はインターネット環境がかなり整備されてきましたので、少なくとも多数決のための投票に関しては容易にできるようになっています。

議論についても、すでにインターネット上に、誰でも参加できる書き込み式のチャットなどがありますし、ＳＮＳを活用した議論の場もありますので、それらをうまく使うことでかなり有意義な議論ができるはずです。

全市民（国民）が自由に参加できる物理的な議論や投票は、技術的には可能であると私は考えます。

ここで、前項の、国会議員の役割についての話を思い出してください。

国会議員の役割には、主に２つがありました。

地域の代表としての役割と、国政を担う役割です。

それとは別の視点から国会議員のやるべき仕事を見てみると、前項で挙げたものとは異なる２つの仕事が見えてきます。

１つは、法律を作るところまで含めた政策立案です。

国会議員は、国会図書館などで立法調査を行う権利を有し、国会図書館は国会議員の「これに関する資料を集めてほしい」との依頼に応じなければなりません。

ちなみに立法、政策立案を、自身が代表する地域のためのものにするか、国家全体のためのものにするかは自由です。

もう1つの仕事は、投票です。

別の人が作った法案に賛成か、反対かの投票を行います。

簡単にまとめますと、国会議員には「法案作成」と「投票」という2つの仕事があるということになります。

ここで国会の内情に詳しい人は「法案作成はだいたい内閣法制局の官僚たちがやるのではないか。国会議員が提出する法案は『議員立法』と呼ばれていて、実際に成立した数も比較的、少ないはずだ」と思うかもしれません。

たしかに現実的には、内閣法制局の官僚が法案を作る「内閣立法」がほとんどです。

しかし、それはあくまでも運用上の話であり、建前上は国会議員が法案を作って、国会に提出するのです。

内閣法制局の官僚であっても、彼らは国会議員の補佐役にすぎません。

何度も述べてきたように、選挙で選ばれていない人が国の政治を動かすことは、民主主義国家ではけっして許されません。

この点は、しっかりと押さえておいてください。

国会議員に権利を委ねる間接民主主義は正解なのか？

国会議員の仕事の1つに法案作成がありますが、有権者が選挙で国会議員に投票する時点では、党や候補者が掲げる公約はあっても、具体的な法案はありません。

結局、有権者は具体的な法案の実現ではなく、候補者という人格に、自分自身の権利を委ねるしかありません。

この方式が正解なのかと問うたとき、過去の日本の民主主義は「正解ではない」という答えが出てしまう事例を、数限りなく示してきました。

自民党が強行採決を行った法案の多くは、国民の2割の支持すら得ていない法案であるにもかかわらず、可決されてしまっています。

あるいは「増税法案」などが国民の「一般意思」であるはずがありません。

本当に、いますぐ増税しなければ国の財政が破綻するというのであれば、多くの国民も増税法案を可決させるかもしれませんが、実際には日本の財政は破綻などしません。

それはここ数年の、日本銀行によるQE（Quantitative Easing：量的緩和政策）の金額を見ればわかります。

日本銀行は年単位で、日本の税収の2倍から3倍の通貨を発行しています。

つまり、政府支出の財源は通貨発行で賄えるので、財源に関して言えば、税金はいらないのです（拙著『デジタル・ベーシックインカムで日本は無税国家になる！』（サイゾー刊）も参照してください）。

この事実からそもそも増税など必要ないとわかりますし、仮に「増税やむなし」と思っている国民が多くいたとしても、全国民の過半数が自分たちの財産権が侵される増税に賛成などするはずがありません。

しかし、財務省の論理なのか、外資の論理なのかはわかりませんが、そうした「増税勢力」の圧力に負けた国会議員たちが増税に賛成し、消費税率はぐんぐんと上がり、「もっと上げろ」とまで言う人たちが国会内にたくさんいるわけです。

また、私は２０１２（平成24）年の衆議院総選挙で、新党大地の候補として北海道第４区から立候補し、ＴＰＰ反対を訴えました。

このとき、同じ選挙区の自民党候補も民主党候補も「ＴＰＰ反対」と言っていました。自民党の候補に至っては、「もし我が党がＴＰＰ参加の法案を通したら、私は議員辞職します」とまで言っていました。

しかし、党としての方針はすでに両党とも「ＴＰＰ賛成」であり、実際、その後、日本はＴＰＰに加盟することになりました。

その自民党議員はいまでもまだ議員をやっていますし、おそらく国会でのＴＰＰ法案についての投票では「賛成票」を入れたに違いありません。

なぜなら、各党とも「ＴＰＰ反対議員は除名する」という勢いで、反対勢力に圧力をかけていたからです。

結局、その議員は「うそつき」だったわけです。

ＴＰＰ法案のような大きなものであれば、注目も集まるので、誰がうそつきなのかは国民にもわかりますが、一つ一つの細かい法案の詳細と各議員の主張についてまで、国民はいちいちチェックできません。

つまり、国会議員はいつでも国民を裏切れるのです。うそつきや裏切り者でも国会議員になれて、国民にうそをついたり、国民を裏切ったりしたあとでも、国会議員を続けられるということです。

国会議員は、地域の代表の顔としては「ＴＰＰ反対」と言って地域の意見を集約しながら、いざ国政における投票の仕事に移ると、その地域の意見とは異なる投票行動をしてしまうわけです。

こうした事実を考えると、国会議員の仕事は「地域の代表」の部分だけに集約し、「投票」の部分は、国民による直接民主主義で行うのが正しいという考え方が出てきます。

今までは、現実的に直接民主主義を行う方法がありませんでした。

しかし、先ほども述べたように、いまはインターネットがあり、アプリがあります。

次章で詳しく紹介しますが、私の会社コグニティブリサーチラボ（ＣＲＬ）では「フォートトーク」というアプリを開発しました。

これを使うと、国民一人一人が法案を提起したり、他人が出した法案についてチャットで議論したり、投票を行ったりすることができます。

少し前までは「直接民主主義をやろう」というと「そんなことはできない」と多くの人に言われましたが、いまは違います。

むしろ「普通にできるでしょう」と言ってくれる人の方が増えています。

実際、直接民主主義ができる環境はすでに整っていると言えます。

直接民主主義とは国会をなくすことではない

直接民主主義と言うと、「では、もう国会議員はいらなくなり、国会も必要なくなるんですね」と言う人がいますが、本書が提案する直接民主主義は、国会をなくすという意味ではありません。

法案作りはいままでどおり、国会議員という専門家にお願いし、その法案の賛成・反対を国民がチャットで議論し、最終的には投票して、可決・否決を決めるということです。

一般の国民、例えばフルタイムで仕事をしている会社員が、国会議員の代わりに立法調査を行い、法案を作るというのは難しいでしょう。

よくわかっていない人がおかしな法案を大量に作ってしまっては、政治が混乱するだけです。

また、大勢の人が国会図書館で立法調査を行ったら、国会図書館がパンクしてしまうでしょう。

ですから、国会議員の人たちはいままでやってきた仕事の半分、つまり法案作成に特化してもらい、投票は国民がインターネットで行うという形にするのです。

そうした法案作りに特化する国会議員は、いままでどおり、選挙で選べばいいでしょう。彼らが作った法案を吟味し、議論し、最後の採決は、国民の投票で決めるのです（ただし、次章で紹介するような、スイス方式の「イニシアチブ（国民発議）」を認めてもいいと思います）。

この直接民主主義であれば、「できる」と思ってくれる人が多いと思います。

議論や投票だけならスマートフォンのアプリでもできますし、投票ならばテレビのリモコンでもできるでしょう。

スマートフォンもテレビも持っていない人には、専用端末を配ればいいと思いますが、どちらも持っていない人というのは、それほど多くないはずです。

専用端末も一台数千円程度で作れるはずですので、全国民にマスクを配るよりははるかに安い予算で実現できます。

「インターネットはハッキングの恐れがある」と心配する人もいるかもしれませんが、ブロックチェーンのように、単調性を保ったままデータを書き込んでいく方式にすれば、仮に不正があったとしてもあとで調べれば必ずわかります。

不正疑惑を持たれている投票用紙自動読み取り機よりも、よほど公正だと言えるでしょう。

運用面の細かい話は、都度、詰めていけばいいと思います。

例えば、全法案について直接民主主義で決めるのがいいのかどうかといったことです。もしスピーディに進めた方が全国民にとって有益だというような法案があれば、国会議員だけで議決できる特別な法案としてもいいのかもしれません（給付金を急いで配りたい場合など）。

そうした細かな調整は、きっちりとしたガイドラインをあらかじめ決めた上で、柔軟に運用していけばいいでしょう。

次章では、スイスですでに導入されている事例を紹介しますので、それも大いに参考になると思います。

透明性を確保せよ

私たち一般の国民から見ますと、国会議員たちは各党で（ある程度）結束し、他党と激しい論戦を繰り広げているように思えるかもしれません。

与党と野党は常に対立していて、敵と味方、一触即発、議事堂や議員会館の廊下でニアミスでもしようものなら、その場で「熱い戦争」が起こっても不思議ではないといったイメージまで持っている人もいます。

しかし、現実は違います。

党の壁というのは意外に低く、違う党であっても仲がよかったり、党の壁を超えた政策勉強会などもあったり、あるいは党を超えて個人的に情報交換をし合っているというケースも少なくありません。

国会というところは、言ってみれば、一つの村社会なのです。

もちろん、何百人という議員、あるいは秘書らを含めれば何千人という村ですから、お互いに意見が合わないという人もいるでしょう。

しかし、同じ党内にも意見の合わない人はいたりするわけです。

政治的な意見の違いはあっても、政策議論の場を離れたら、仲よく談笑するといった関係の議員たちも、私たちが外から見ているイメージ以上に多いのです。

そこには「秘書」の存在が大きいと言えます。

はっきり言いますが、国会議員の仕事ぶりというのは、本人の能力以上に秘書の能力で決まります。

国会議員に成りたての新人議員は、永田町では右も左もわかりません。

その人に、国会議員としての仕事から、普段の振舞いまで、秘書がすべてを教え込むわけです。

他の議員たちへの根回し、調整、役人とのやり取り、国会図書館とのやり取りなども、基本的には秘書がやります。

優秀な秘書は、議員が変わっても、別の議員の秘書をずっとやっています。場合によっては、党が変わることすらあります。

実際、2009（平成21）年に民主党政権になったとき、自民党の秘書たちは大勢、職を失いましたが、紹介を受けて民主党議員の秘書になった人もいたのです。


このように、国会というのは意外に小さな村社会です。

この中で、国会議員たちが実現させようとする法案はどのように形になるのかというと、例えば、東京都渋谷区選出の議員が主張する渋谷区に有利な法案と北海道札幌市手稲区選出の議員が主張する手稲区に有利な法案とのガチンコ勝負によって、ではなく、渋谷区の議員と手稲区の議員それぞれの秘書たちが（地域はあくまでもたとえです）、私たちには見えないところでネゴシエイトして、うまく擦り合わせたものが法案として出てくるわけです。

仮に、利害が相反する部分があった場合、事前に擦り合わせをして、「ここをこうする代わりにこっちはこうして」という調整がなされた法案が出てくるのです。

これを「よし」とするかどうか。

私は「よし」としません。

なぜかと言うと、主権を持った国民の見えないところでネゴシエイトが行われているからです。

「ネゴシエイトが悪い」と言っているのではありません。

自分の地域の利益と他の地域の利益との調整を行うのは問題ないのですが、それもすべて国民に見せるべきだということです。

国民主権の国なのですから、ディスカッションは国民に見える形で行われるべきです。

優秀な秘書が、周囲への根回しをうまくやりながら、一人の政治家を育て、そして各地域との利益調整を行いながら、うまく法案を作っていくというやり方は、私は「麗しき犯罪」だと思っています。

社会契約説に則ったやり方ではないからです。

ただ、百歩譲って、国会議員の秘書であればまだマシです。

何か問題があれば、次の選挙でその国会議員は主権者である国民の審判を受けることになるからです。

その国会議員が落選すれば、秘書であっても、ごく一部の超優秀な人以外は失職することになるでしょう。

主権者の意思が反映される余地が辛くも残ってはいます。

最悪なのは、総理官邸（内閣官房）などに巣くう官僚、あるいは民間議員などと呼ばれる人たちです。

彼らは選挙で選ばれたわけでもないにもかかわらず、選挙で選ばれた人たちよりも強い立場で政治を動かしています。

しかも、主権者である国民は、彼らを選んだり、辞めさせたりすることができません。

これは大問題です。

そもそも総理官邸などという概念があること自体、社会契約説に反しています。

選挙で選ばれていない人が、公の機関で政治に関するディスカッションをして政策を決めるなどということは許されざることです。

また、外部の民間コンサルタント会社を利用している国会議員が「うちはマッキンゼー・

アンド・カンパニーを使っています」「うちはボストン・コンサルティングを使っています」などと自慢げに話すことがありますが、「私には自分で政治を行う能力がありません」と言っているようなもので、本来はとても恥ずかしい話です。

国民はこんなことを言う人を選挙で選んではいけません。

こんなことが許されるのであれば、「だったら、マッキンゼーやボストンが日本の政治をやればいい」ということになってしまいます。

国民主権がないがしろにされているということに気付くべきです。

いまは、完全に国民には見えないところで政策立案、法案作成がなされています。

総理官邸や議員秘書たちのネゴシエイトに外圧や何らかの強力な利権が絡んで、物事が決まっていきます。

そうした政治から社会契約説に則った「国民主権」を取り戻そうというのが、私が提案する直接民主主義なのです。

「重み付け直接民主主義」とは何か?

本来の社会契約説から言うと、いまの日本の政治は民主主義ではなくなってしまっています。

国会議員は自主的に投票することができなくなり、党のための投票マシンとなってしまいました。

国民の意思（一般意思）とはかけ離れた政策が密室で議論され、形骸化した国会に提出され、国会議員という名の投票マシンの投票によって、次々と決まっていきます。

こうしたおかしな政治状況を改善し、国民の手に主権を取り戻す最善の方法が、インターネットを利用した「直接民主主義」です。

ただ、これから私が提案したいのは、単なる一人1票の直接民主主義ではありません。

その法案への直接的な関わり、影響の度合いによって票に差を設ける「重み付け直接民主主義」です。

「なんだ、それは?」と思われた方も多いと思いますので、「重み付け直接民主主義」について説明していきたいと思います。

「直接民主主義」については、すでに述べているのでご理解いただいているものと思います。

ここで提案する「直接民主主義」とは、「法案作成」と「投票」の2つの仕事を切り分け、国会議員が「法案作成」を行い、それについてインターネット上で国民が議論し（国会議員の議論を閲覧できるようにもして）、最終的には国民によるインターネット投票によって法案の賛否を決するというものです。

この「直接民主主義」に「重み付け」を加えたものが「重み付け直接民主主義」です。

では、「重み付け」とは何か。

「重み付け直接民主主義」の「重み付け」とは、その政策・法案が実現する（あるいは、しない）ことによって影響を受ける人たちについて、影響度のレベルを考慮して投票の重み（票数）を変えるというものです。

人によって（法案実現による影響の度合いによって）、投票できる票数を変えるのです。

例えば、「東名高速道路の制限速度をすべて時速１２０㎞にする」という法案があったとします。

このときに、普段から東名高速道路を利用している人と、免許証を持たない人とで、同じ1票を与えていいのでしょうか。

あるいは、免許証を持っている人でも、静岡県に住んでいて、東名高速道路を使う可能性がかなりある人と、沖縄県に住んでいて、東名高速道路を使う可能性がかなり低い人とで、同じ1票を与えていいのでしょうか。

また、免許証を持っていなくても、東名高速道路の近くに住んでいる人は騒音の影響をかなり受けるかもしれませんので、それなりの重さで投票できるようにすべきでしょう。

その場合でも、東名高速道路から50m以内に住んでいる人と、５００m離れて住んでいる人とでは、騒音の影響はかなり違うはずですから、同じ1票を与えるべきではないでしょう。

あくまでも一例ですが、一般の有権者は1票、免許証保持者は2票、自動車保有者は3票、東名高速道路を使う可能性が高い人は4票、騒音公害を被る可能性がある人も4票、50m以内に住んでいるような、特に騒音被害の影響が大きい人は5票といったように、法案の影響度に応じて、票に重み付けを与えていくのが、私の考える「重み付け直接民主主義」です。

他にも例えば、「女性の不妊治療を国費で援助すべき」という政策・法案があった場合、この法案が成立したときに最も影響があるのは、いわゆる妊娠適齢期前後の女性ということになるでしょう。

このとき、不妊治療を受ける本人と、独身の高齢女性（あるいは、高齢男性）に、同じ1票を与えていいのかということです。

もちろん、不妊治療を受ける女性の夫にも影響があるでしょうから、女性本人よりは重みが低くなるかもしれませんが、それなりの重さでの投票になるでしょう。

それに対して、高齢者の方々などは、孫が生まれるかどうかという影響はあるかもしれませんが、不妊治療を受ける当事者夫婦よりはかなり低い重み付けになるべきでしょう。

このように、その法案によって影響を受ける人には、その影響度合いによって票の重みを変えて投票してもらいます。

こうすることによって、国民の法案審議への真剣度も増しますし、影響度の高い人たちの政策実現への責任の度合いも増します。

これが「重み付け直接民主主義」です。

「1票の格差」がないことは正義なのか？

この「重み付け直接民主主義」を説明すると、「『1票の格差』が生じてしまうのはおかしい」と反論する人がいます。

現在も選挙のたびに「1票の格差が何倍だから違憲であり、選挙は無効だ」といった裁判を起こす人が出てきます。

そして、裁判所は毎回、「違憲状態にあるが、選挙は有効」などという意味不明な判決を出して、適当にお茶を濁します。

しかし、そもそも「すべての国民にとって1票の格差がない状態こそが正義だ」と言っていいのでしょうか。

「それはそうでしょう。人によって、1票の重さが違ったら、差別です」と思う人が多いかもしれませんが、はたして本当にそうでしょうか。

単に「国会における投票マシンとしての国会議員を選ぶ」というだけであれば、国会議員の全候補者を全国区による投票にすることによって、1票の格差を完全になくすことは可能です。

しかし、それでは「地域の代表として国会に行く」（有権者側から言えば「地域の代表を国会に送り出す」）という、国会議員のもう一つの役割がなくなってしまいます。

国会議員には「国政を担う」という役割と「地域の利益のために働く」という役割の2つがあるという話はすでに述べたとおりです。

ですから、現実的には「国会議員全員を全国区の選挙で選ぶ」ようにはできません。

では、仮に、地域の代表を選ぶ選挙で完全に「1票の格差」をなくすような区割り（選挙区の設定）をした場合、どんなことが起こるでしょうか。

詳しくシミュレーションするまでもなく、人口の多い大都市圏から多くの国会議員が選出され、過疎地から選ばれる国会議員は少なくなることが容易に想像できます。

人口の少ない地域の代表は、現状の選挙区がいくつか合併されて、より広い地域で国会議員を一人送り出すという状況になるでしょう。

それに対して、都市部では今以上に細かく選挙区が切り刻まれ、今よりも多くの国会議員が選出されることになるでしょう。

そのような国会で、地域の利害が対立するような政策が議論され、採決されることになったらどうなるでしょうか。

当然、国会議員の多い都市部の意見が通りやすくなるでしょう。

人口の少ない地域はただでさえ国の支援が行き届かないのに、いま以上に国の支援が望めない状況になるに違いありません。

「地方分権」が叫ばれて久しいのですが、「1票の格差是正」が強化されたら、「地方分権」とは真逆の方向に進むことになります。

コロナ禍でのワクチン対応などを通して、中央政府の地方への強権的な態度が露わになり、事実上、日本には「地方自治」など存在しないことが明らかになってしまいましたが、「1票の格差是正」を厳密に適用していけば、地方はより一層、中央、あるいは大都市の言いなりになっていくことでしょう。

　そう考えると、1票の格差是正が絶対的な正義だとは、とても思えません。

「1票の格差」を理由に「重み付け直接民主主義」を否定することも意味がありません。

平等と公平

「1票の重みが同じでなければならない」と考える人は、平等と公平の違いを理解していない人だと思います。

「平等と公平」というイラストを見てください。

　インターネットなどでよく見かけるものですが、「平等」と「公平」の違いをうまく表現しています。

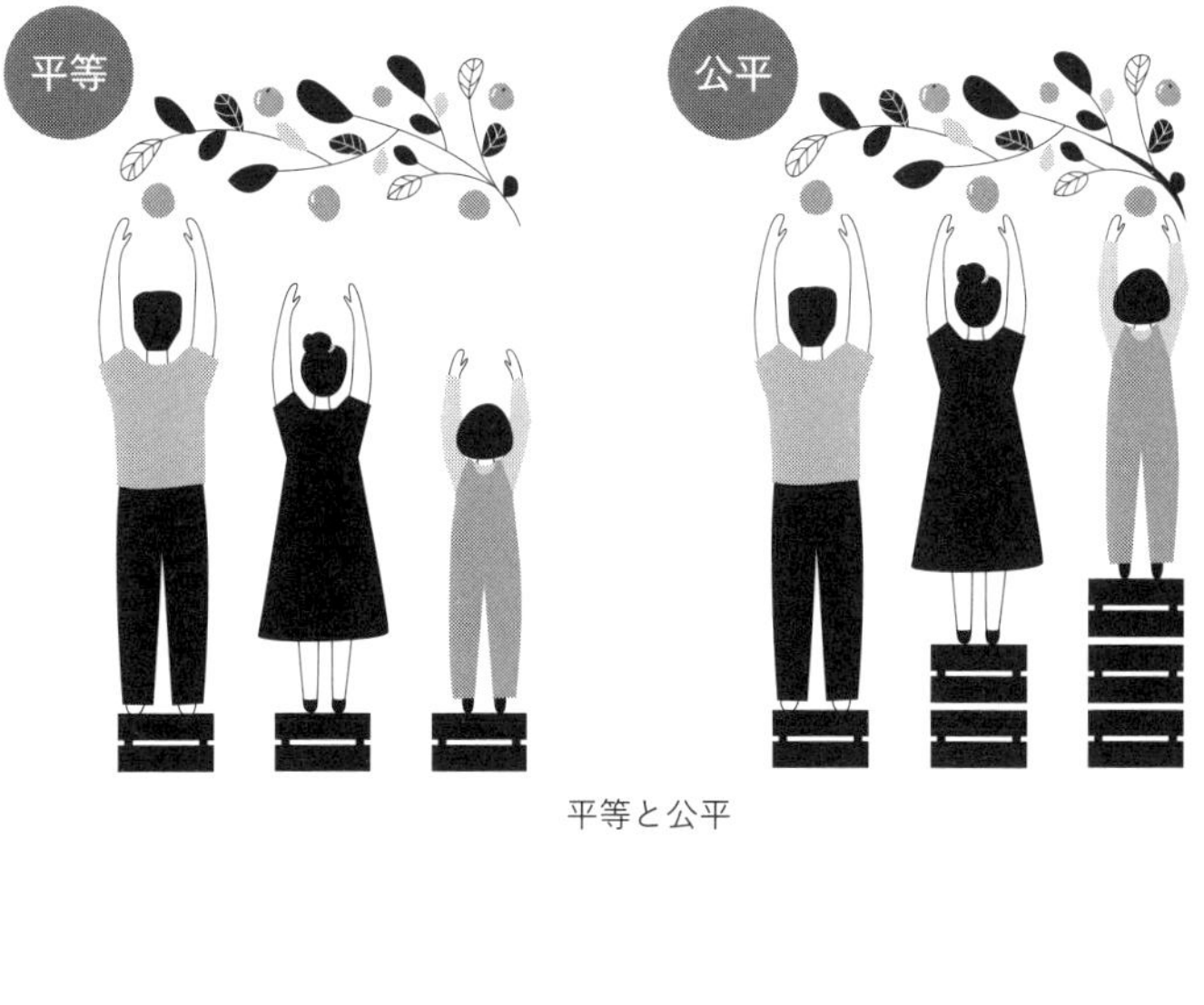

平等と公平

「平等」の方は、それぞれの人の状況をまったく考慮せず、「一人につき踏み台は一つ」です。

たしかに「一人一台」は平等かもしれません。しかし、背の高い人は一台で果実に手が届きますが、背の低い子どもは、一台だけでは果実を取ることができません。

対して、重み付けを変えて、それぞれの人の状況に合わせて踏み台を配ることによって、全員が果実を取ることができます。

これが「公平」というものでしょう。

「平等」は必ずしも正義ではありません。

「重み付け直接民主主義」は、できる限り「公平」になるように票の重みを配分し、それによってみんなが幸せになれるようにするものなのです。

どのように「重み付け」を決めるのか？

「重み付け直接民主主義」が「平等」ではなく「公平」を目指すものであることは理解し

てもらえたと思います。

ここで「本当に『公平』な重み付けができるのか」と疑問に思う人もいるかもしれません。

たしかに「完全なる公平」を常に実現することは難しいでしょう。

しかし、「限りなく公平に近い状態」にすること、少なくともそれを目指すことは可能です。

その方法も「みんなで議論する」という手法を取ることになりますが、一から話し合わなくても、国会で案を作って、それを元に微調整していけばいいでしょう。

そして、案が固まったら、その重み付け案でいいかどうかを「一人1票」による投票で決めればいいでしょう。

場合によっては、何度も投票することになるので面倒だと感じる人もいるかもしれませんが、透明性が保たれた状態で議論し、投票されますし、投票自体はインターネットによるデジタル投票ですので、一度システムを導入してしまえば、経費もそれほどかかりません。

ＮＨＫで放送されている、儀式のような国会質疑、国会答弁ではなく、国民の誰もが参加できるようにすることで、本当に有意義な議論になるでしょう。

「重み付け」に関してはＡＩに任せてもいいのではないかと考える人もいるかもしれませんが、何らかの法則に則って決めるとしても、それは比較的簡単な計算でできるレベルですので、わざわざＡＩを用いるほどではありません。

「重み付け直接民主主義」について、整理しましょう。

国会議員による法案ができたら、まずはその法案について国民がネット上で議論し、修正が必要なら修正して、最終的な採決を行う前に「重み付け」についての案を作って、その重み付けでいいかどうかを投票で決めます。

この重み付けを決める投票は、一人１票です。

重み付けが可決され、決まったら、法案の採決に移ります。

重み付けが否決された場合は、重み付け案を修正して、再度、重み付け案の賛否を問います。

ここで、何度も投票が行われる可能性が出てきますが、それは有意義なやりとりなので仕方がないと割り切ります。

そして、最終的に法案の賛否が問われ、可決されれば法律となり、否決されれば修正案の作成となるか、もしくは廃案となります。

ここで「重み付け直接民主主義が実現したら、二院制にする必要がなくなるのではないか」と思った人もいるかもしれません。

法案の採決に関しては、そのとおりだと思います。

ただ、国会議員の仕事は法案の採決だけではないという話は何度もしてきました。

何らかの集団の意見を代表する人という部分で存在価値があると国民が考えるのであれば、いまの形とは変わるかもしれませんが、二院制を残すのも選択肢でしょう。

二院制の是非に関しても、国民による開かれた議論によって決めるべきです。

実際に「重み付け直接民主主義」が採用される段階になったときに、二院制の必要性についても議論すればいいでしょう。

第三章

スイスの事例に学ぶ「直接民主主義」

先行するスイスの直接民主主義

ここでは、直接民主主義が国政の一部としてすでに機能しているスイスの例を見ながら、日本の政治制度をどうよくしていくべきかについて考えていきたいと思います。

スイスでは、「イニシアチブ（国民発議）」と「レファレンダム」という、国民による直接民主主義の制度が取り入れられています。

「イニシアチブ」とは、国民による法案の発議のことで、18カ月以内に10万人の署名が集められた場合、国会に発議することができます。

「レファレンダム」とは、一度、議会で可決された法案を国民投票にかけて賛否を問うという制度です。

これには「任意的レファレンダム」と「強制的レファレンダム」の二種類があります。

「任意的レファレンダム」とは、すべての法案・国際条約について、公開後１００日以内に5万人の署名が集まった場合、国民投票にかけて賛否を問うというもので、「強制的レファレンダム」とは、憲法改正、国際組織への加盟について、必ず国民投票にかけて賛否を問うというものです。

つまり、憲法改正と国際組織への加盟というのは、国家にとって非常に重要な事案なので、強制的に国民投票にかけることが決められており、それ以外のことは期限内（公開後100日以内）に一定数（5万人）の署名が集まった場合にのみ、国民投票にかけられるということです。

スイスで実際に行われた国民投票の例としては、「イニシアチブ」では「高齢者層への増税（キャピタルゲイン課税）の導入」というものがありました。

これは、2021年9月、反対多数（反対64・88％）で否決されました。

同じ日、「レファレンダム」の国民投票もありました。

前年に可決された「同性婚合法化」に、保守政党が法案反対の署名を集めて「（任意的）レファレンダム」を提起しました。

これによって、国民投票が行われた結果、賛成64・10％で法案が可決されました（廃案のためのレファレンダム失敗）。

このように、スイスの法律は国民が国民投票という手段で、国民の意見を直接的に反映させることができるようになっているのです。

日本のような国の政治制度では、基本的に、議会の多数派が過半数の議席を獲れば、その意見はすべて通ります。

前の章でも見てきたように、日本の国会における多数派（与党）の意見は、必ずしも国民の多数派の意見を代表しているとは言えません。

政府の諮問会議などに入り込んだ、ごく一部の利権者たちの意見ばかりが通るようになってしまいました。

もし「イニシアチブ」や「レファレンダム（特に任意的レファレンダム）」があれば、そうしたごく一部の人のための法案を強行採決したとしても、その後、国民投票にかけられて否決されてしまうリスクがあるので、簡単には無理強いできなくなり、少数派、あるいは多数の一般国民に寄り添う法案を提案するようになるはずです。

チェック機能としての「直接民主主義」

スイスは直接民主主義を取り入れていますが、間接民主主義をやめてしまっているわけではありません。

制度の中心は依然として間接民主主義（議会制民主主義）であり、その監視役として強い権限を国民に持たせるという形になっているのです。

私が提案したい「重み付け直接民主主義」も、現状の間接民主主義（議会制民主主義）を、ある程度、維持したまま、ＩＴの技術を用いて、直接民主主義（国民主権）を拡大させるというものです。

日本でも現状、最高裁判所裁判官の国民審査と憲法改正を問う国民投票という形で、制度としての直接民主主義的な国民投票（審査）がありますが、ＩＴ技術を用いれば、それ以外のさまざまな法案についても、直接民主主義（国民投票）を導入することができます。

それによって、先ほども述べたように、民主主義に反する強行採決は確実に減ることになるでしょう。

仮に強行採決が行われたとしても、国民投票で否決されれば終わりです。

さらに、政府の巨大化、過度な官僚主義への国民の対抗策として機能するはずです。

第一章で述べたように、現在の日本の国会議員は、党の執行部や首相官邸には絶対に逆らえません。

彼らは自身の政治信条に関係なく、党や首相官邸が決めた政策には、すべて賛成票を投じるしかないのですが、国民投票があればそんな状況で可決された法案も、国民が再チェックできることになります。

また、「イニシアチブ」が導入されれば、そもそも法案は、署名を集めることによって国民自身が提出できますから、日本は本当の意味での国民主権国家に近づくことができるはずです。

まずは国民の政治参加意識の醸成から

スイスの「レファレンダム」は、年間4回程度と言われます。

必要となる署名の人数を調整することで、その頻度も調整することができますので、実際に導入したあと、数が多すぎれば必要署名人数を増やし、少なすぎたら必要署名人数を減らせばいいでしょう。

これは「任意的レファレンダム」の話ですが、「強制的レファレンダム」については、現状の最高裁裁判官の国民審査と憲法改正に加えて、条約とそれに準ずるものの締結、さらには税制度の改正（税率変更、新規国税の導入など）や国有資産の売却（水道民営化など、運営権の売却も含む）といったものも対象にするのがよいでしょう。

国有資産の売却ということでは、財務省近畿財務局が森友学園に国有地を破格の値段で払い下げた一件がありましたが、これなどは真っ先に「レファレンダム」にかけられるべき案件だろうと思います。

「イニシアチブ」も導入してもいいのですが、実際の法制化は国会議員や法制局の官僚といったテクノクラートがやるのがいいと思います。

国民は一部の人を除き、法律そのものに詳しいわけではないので、しっかりとした正しい条文を書けるかと言えば、はなはだ覚束ないでしょう。

もし国会議員や法制局の官僚が、国民の利益に反するような法案の条文を書いたとしても、結局は国民投票にかけられるというチェック機能があるので、ほとんど意味がありません。

理想を言えば、すべての法案が国民投票の対象になるのがよいのですが、いきなりすべてを対象にすることには反発もあると思いますので、まずは条約や重要な法案に限って導入し、国民や国会議員たちが慣れてきて、「これはもっと範囲を拡大した方がいい」という機運が高まったところで他の法案にも拡大していくのがよいでしょう。

スイスの国民投票の投票率も、必ずしも高いとは言えません。

まずは国民の側の意識改革、国政や主権についての関心度を高めていくことが大切でしょう。

すぐにでも直接民主主義を実現できるアプリ「フォートトーク」

「直接民主主義」を（部分的にでも）導入する際、大きな役割を果たすのがＩＴ技術です。ＩＴ技術が進んできたからこそ「直接民主主義」が可能になったと言ってもいいでしょう。

例えば、私の会社コグニティブリサーチラボ（ＣＲＬ）が開発した「フォートトーク」というアプリがあります。

現在はiPhone向けのみですが、この「フォートトーク」は国民が政治に積極的に参加できる画期的な機能を有しており、すでに多くの人に利用されています。

もちろん、すべて無料で利用することができます。

使い方は簡単です。まずアイコン（図1）をタップしてアプリを立ち上げ、「その他」をタップすると、図2の画面になります。

さらにこの画面の「政策」をタップすると、図3の画面になります。

図1

図2

ここでは、自分が実現したい「政策」を具体的に書いて「登録」したり、誰かが「登録」した政策についてチャットで議論したり、実現すべきかどうかの投票をしたりすることができます。

「政策 チャット／投票」をタップすると、図4の画面が出てきます。

図3

図4

すでに利用者がいくつかの政策について提案し、アップロードしています。

例えば、一番上にある「負の所得税」という項目をタップし、さらに右上の「詳細」をタップすると、図5の画面になります。

提案の詳細を確認した上で、チャットで自分の意見を書き込むことができるようになっています。

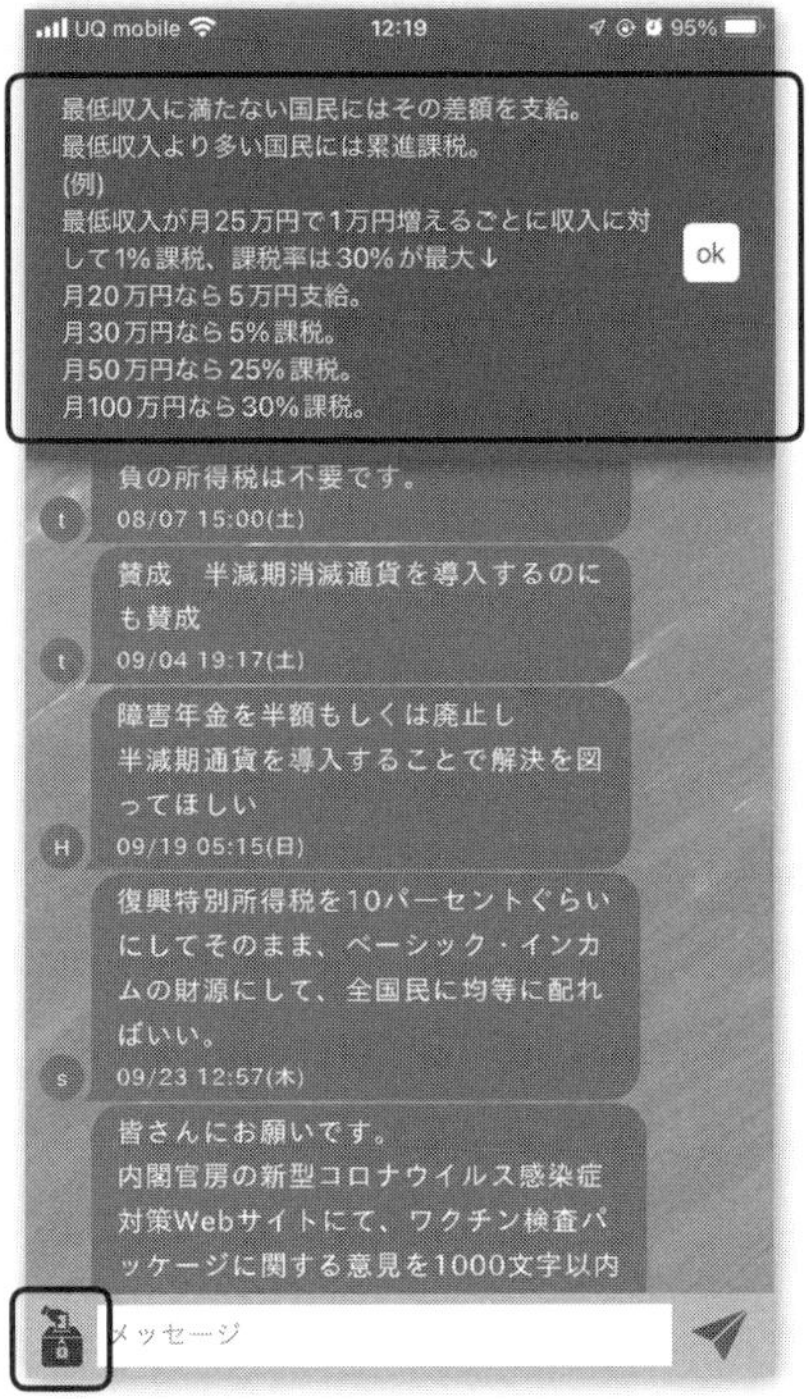

図5

そして、図5下の「投票」ボタンで「賛成」「反対」「どちらでもない」を選んで投票することができます。

その投票結果を示したものが、図6です。

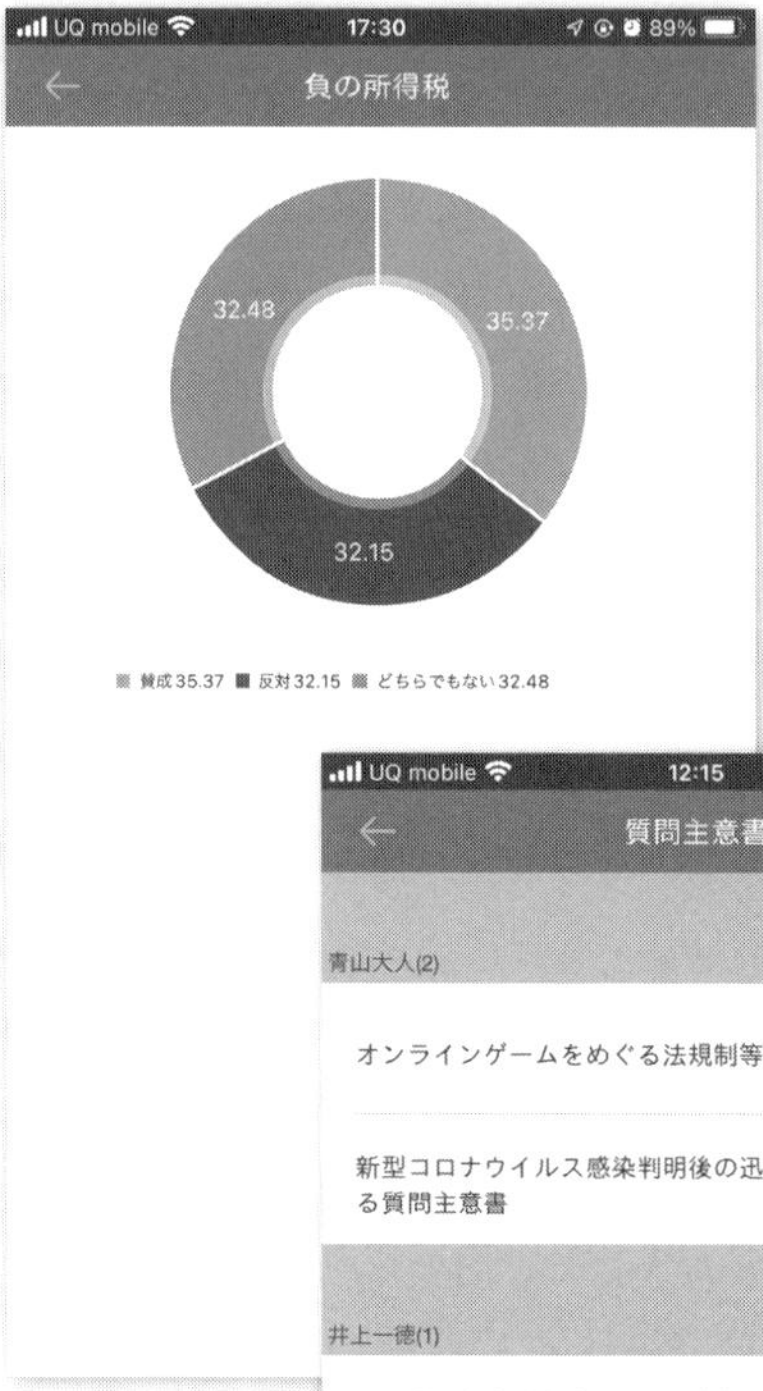

図6

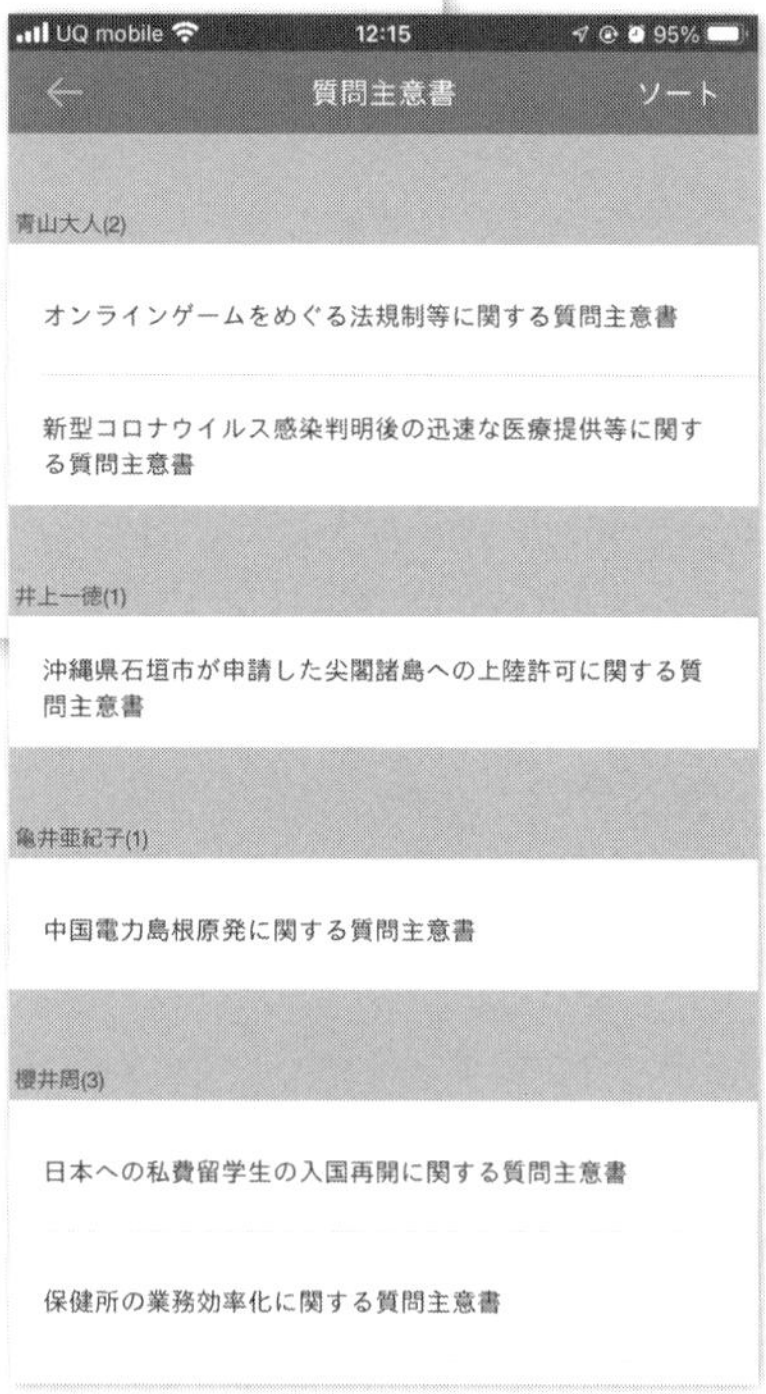

図7

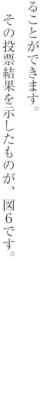

また、「フォートトーク」では、これまでの各国会で提出された「質問主意書」をＰＤＦで閲覧できるようになっています。

それが図７、質問主意書のＰＤＦが図８です。

衆議院は第１４８回から、参議院は第１回からの質問主意書を閲覧することができます。

ほかにも、図３の「議院」というところをタップすると、衆議院と参議院とに分けて現

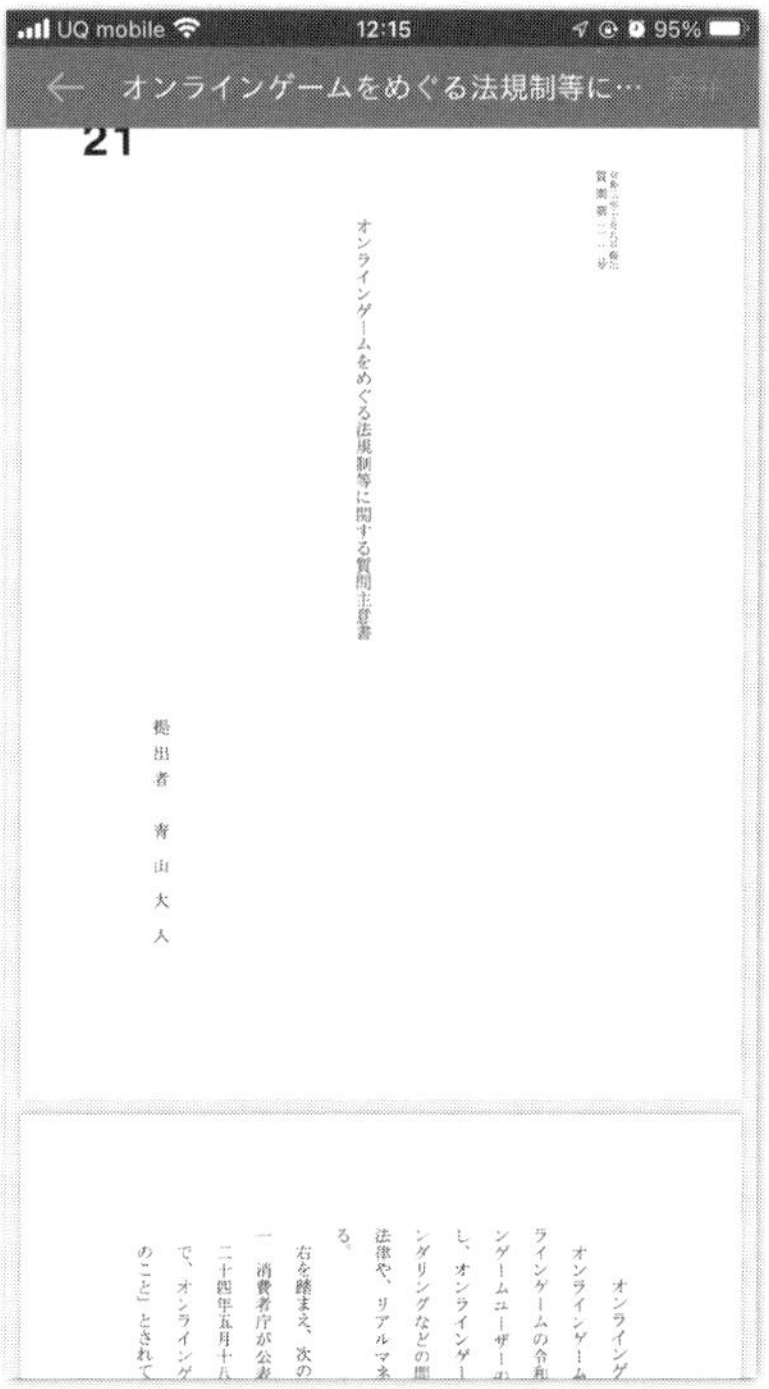

図8

在の国会議員全員がリストアップされており、各議員の選挙区の紹介や公式ホームページへのリンクなどが載っています。

こうした機能は、本書で紹介している直接民主主義が実現する前段階、つまり現状の間接民主主義における投票行動の参考にしてもらうためのものです。

もちろん、直接民主主義が実現したのちにも、非常に役立つことでしょう。

なぜここで「フォートトーク」を紹介したのかと言いますと、この仕組みを利用すれば、いますぐにでも「直接民主主義」を実現することができるからです。

ただ単に、政策に対して「賛成」か「反対」かの投票ができるだけではなく、誰でもチャットで議論ができるところがポイントです。

すでに述べてきたように、民主主義とは多数決のことではありません。

主権を持った人々が集まり、議論をし、みんなが納得できる案を導き出し、実現させていく政治システムが民主主義です。

ただし、「みんなが納得できる案」というのは現実的には難しく、厳密にやろうとすると何も決まらなくなってしまうため、妥協の産物として「多数決で賛否を決め、一度、決まったら、それに従おう」ということにしたわけです。

ですから、民主主義の基本は「議論」であり、「フォートトーク」を使えば、誰でも政策に関する議論に参加することができるのです。

ＣＲＬでは、政府、あるいはデジタル庁に「フォートトーク」を無償提供する用意があります。

もし「苫米地の会社のアプリをそのまま使うのはいかがなものか」とおっしゃるのであれば、システムや技術のみの提供も可能ですし、「苫米地アルゴリズムを使うのはいかがなものか」とおっしゃるなら、その部分だけブロックチェーンなり何なり、使ってもいいと思われる仕組みを実装されたらいいと思います。

いずれにしましても、「直接民主主義」は、技術的にはいますぐにでも可能だということを、多くの方々に知っていただきたいと思います。

選挙活動もすべてアプリに集約

「直接民主主義」は技術的にはすぐにでも可能ですが、とはいえ、実際に「すぐに」実現できるかと言えば、なかなか簡単ではないでしょう。

人間は初めてのことには消極的になりがちですので、多くの人がデジタルを使った直接民主主義に慣れるまでの過渡期における橋渡しとして、まずは国政選挙のデジタル化を提案したいと思います。

いわゆる「ネット選挙」です。

ただし、私の考えるネット選挙は、インターネットで投票ができるというだけのものではありません。

選挙の仕組み自体を大きく変えるものになるはずです。

私が考えるネット選挙は、いわゆる選挙活動、候補者の広報活動をすべて一つのアプリ内でのみ行うようにし、他の場所で行うことを禁止するというものです。

なぜそのようにするのかと言いますと、現在の選挙の仕組みが「お金持ちが圧倒的に有利」だからです。

現在の選挙制度で許されている選挙活動、広報活動は主に「ポスター」「インターネット広告」「街頭演説」「政見放送」でしょう（他に「選挙公報」もあるが、影響力は小さい）。このうち「街頭演説」と「政見放送」は誰でもできますが、「ポスター」と「インターネット広告」は、お金持ちが圧倒的に有利です。

街中で、議員や候補者のポスターを見かけることも少なくないと思いますが、ポスターというのは、とてもお金がかかります。

紙代、印刷代は大政党なら党が補助してくれるでしょうが、無所属、あるいは小さな政党の新人候補ですと、ポスター代は自腹だったりします（選挙用のポスターではなく、政治活動用の広報ポスターの話です）。

けっして安い金額ではありません。

また、大量のポスターを貼る作業は、一人や二人でできることではありません。

後援会などの組織が充実していれば、ボランティアも動員できるでしょうが、無所属新人候補は、何もかも一人でやらなければなりません。

実際には一人ではできないため、外注に頼むということになるのですが、当然、ここでもお金がかかります。

また、選挙期間中は、選挙管理委員会が許可したポスター以外は掲示できませんので、それまで貼っていたポスターを剥がさなければなりません（個人が一人で写っているものではなく、例えば党の代表と二人で写っているポスターなどは「選挙活動」ではなく「政治活動」と認められるためOKです）。

強固な後援会組織などがない場合は、これもまた外注することになります。「ポスター」という仕組み自体、とにかくお金がかかりますから、お金のない人はそれだけで大きなディスアドバンテージを背負うことになります。

また、インターネット広告も、これまた非常にお金がかかります。

現在、選挙期間（公示期間）だけは、広告やSNSへの投稿などに制限がかかりますが（「いいね」も禁止）、それ以外の期間は、基本的には自由に広告を出すことができます。

これは有権者のレベルの問題になりますが、候補者の主張や政策、公約などを吟味せず、「ポスターで見たことがある」「ネット広告で見たことがある」といった理由だけで投票してしまう人も、実際には少なくありません。

事実、ポスターやネット広告に集票効果があるからこそ、候補者の人たちは大金を使ってポスターを貼ったり、ネット広告を出したりするわけです。

集票効果が候補者の財力に左右されてしまうようでは、本当の民主主義とは言えません。財力が選挙での当選・落選を左右するのであれば、国会はお金持ちだけの場になってしまいます。

お金持ち議員がお金持ち有権者のための政治ばかりやるようになるとは限らないと思うかもしれませんが、少なくとも、お金持ちではない一般市民の感覚や考え方、普段の生活などを理解していない人が国会の多数派を占めることは間違いありません。

一般市民のことがわからない人が、本当に大事な細かい部分にまで一般市民に寄り添えるかと言えば疑問です。

そこで私が提案したいのは、ポスターやインターネット広告などは禁止し、すべての広報活動は、全国民が平等に閲覧できるアプリ内でのみ行うようにするというものです。

スマホのアプリでもいいですし、スマホを持っていない人には専用端末を配ればいいという点は、前章でも触れたとおりです。

このアプリにアクセスすることで、候補者の情報がワンストップですべてわかるようにするのです。

顔写真やプロフィールはもちろん、主張する政策、公約、これまでの実績などを掲載し、このアプリを見れば、自分はどの候補に入れるべきかが正しく判断できるようにします。「政見放送」も、アプリ内で時間制限のある動画配信にすればいいでしょう。

さらに、このアプリでインターネット投票ができるようにし、締め切り時刻までは何度でも変更可能にします。

変更可能にする理由は、他人に投票を強制されてもあとから自分で修正できるようにするためです。

こうして、これまでのような一部の人だけが得をする政治から、私たち国民が主権を取り戻すのです。

何度も言うように、主権は国民一人一人にあります。

それが、本当の意味で政治に反映されるために必要なことは何か。

本書が多くの方々に、何らかの気付きを与えられればと願っています。

あとがき～「重み付け直接民主主義」で国民主権を取り戻す

いま、「e－ガバメント（電子政府）」と呼ばれるような、政府のデジタル化が、世界各地で急速に進められています。

日本でも（やや心もとないとはいえ）「デジタル庁」が発足し、「e－ガバメント」の方向に向かおうという意志は見えます。

エストニアなどの国ですでに国政選挙がインターネット投票で行われるようになっているように、国民投票のデジタル化は技術的にはすぐにでも可能です。

しかし、「e－ガバメント」が進むことによって、「政府による国民監視社会」になってしまうのではないかという懸念の声もあります。

おそらく、中国のような国民（人民）監視をイメージしているのでしょう。

これは、国民にとって非常に望ましくない方向性です。

このままでは日本（あるいは世界）の「（中国並みの）監視社会化」が一気に進む可能性が高いとすら言えます。

「e-ガバメント」が正しく運営されるためには、立法、行政の意思決定すべてが透明化され、かつ国民が直接参加できるようになっている必要があります。

すべてが透明化され、国民の直接参加が可能になれば、「監視社会を国民が監視する」ことができるようになります。

すぐには国民の直接参加が難しいとしても、中央官庁や地方自治体の意思決定プロセスはWEB会議化するなどして、国民がいつでも視聴できるようにしておくべきです。

そして、立法の意思決定プロセスもWEB会議化し、国民がいつでも自由に視聴できるようにし、さらにその次の段階である「重み付け直接民主主義」へと移行していくべきです。

そして、その際、政策に直接的に影響があるステークホルダーの意見を重くするのは当然です。

もちろん、ステークホルダー以外の人の意見も取り入れる必要があるので、重み付けを変えて、投票できるようにします。

「重み付け直接民主主義」が実現すれば、「組織票」という概念もなくなります。国会議員が裏金を配ったり、もらったりすることも、意味がなくなります。

国民の権利が、国民に戻ってくるのです。

現在の国会、あるいは政府は、民主主義が完全に機能不全を起こしています。

いま日本が「重み付け直接民主主義」を実現させれば、世界で最初の「本当の民主主義国」になれます。

後世の人たちから「フランス革命」と並び称されるほどの、歴史に残る出来事になることでしょう。

まずは多くの国民に「重み付け直接民主主義」の内容と意義を理解してもらうことが大切です。

「はじめに」でも述べましたが、本書を読まれて「重み付け直接民主主義」に興味を持たれた方は、ぜひお知り合いの人にも本書を薦めて、本書を読んだ人たちと「重み付け直接民主主義」に関する議論を深めていってほしいと思います。

近い将来、日本が本当の民主主義国になることを願っています。

2022年5月

苫米地英人

【著者紹介】

苫米地英人（とまべち・ひでと）

認知科学者（計算言語学・認知心理学・機能脳科学・離散数理科学・分析哲学）。カーネギーメロン大学博士（Ph.D.）、同CyLab フェロー、ジョージメイソン大学C4I&サイバー研究所研究教授、早稲田大学研究院客員教授、公益社団法人日本ジャーナリスト協会代表理事、コグニティブリサーチラボ株式会社CEO 兼基礎研究所長。マサチューセッツ大学を経て上智大学外国語学部英語学科卒業後、三菱地所へ入社、財務担当者としてロックフェラーセンター買収等を経験、三菱地所在籍のままフルブライト全額給付特待生としてイエール大学大学院計算機科学博士課程に留学、人工知能の父と呼ばれるロジャー・シャンクに学ぶ。同認知科学研究所、同人工知能研究所を経て、コンピュータ科学と人工知能の世界最高峰カーネギーメロン大学大学院博士課程に転入。計算機科学部機械翻訳研究所（現Language Technologies Institute）等に在籍し、人工知能、自然言語処理、ニューラルネットワーク等を研究、全米で4人目、日本人として初の計算言語学の博士号を取得。帰国後、徳島大学助教授、ジャストシステム基礎研究所所長、同ピッツバーグ研究所取締役、通商産業省情報処理振興審議会専門委員などを歴任。また、晩年のルータイスの右腕として活動、ルータイスの指示により米国認知科学の研究成果を盛り込んだ最新の能力開発プログラム「TPIE」、「PX2」、「TICE」コーチングなどの開発を担当。その後、全世界での普及にルータイスと共に活動。現在もルータイスの遺言によりコーチング普及後継者として全世界で活動中。サヴォイア王家諸騎士団日本代表、聖マウリツィオ・ラザロ騎士団大十字騎士。近年では、サヴォイア王家によるジュニアナイト養成コーチングプログラムも開発。日本でも完全無償のボランティアプログラムとしてPX2と並行して普及活動中。

本当の民主主義を取り戻せ!
みんなが豊かに暮らせる社会を実現する
「重み付け直接民主主義」とは？

2022年7月10日　初版第1刷発行

著　　者　**苫米地英人**

発 行 者　**揖斐　憲**

発 行 所　**株式会社 サイゾー**

〒150-0043　東京都渋谷区道玄坂1-19-2-3F

電話 03-5784-0790（代表）

印刷·製本　**株式会社シナノパブリッシングプレス**

ISBN 978-4-86625-160-8